바위를 갈아 새긴 신(神)과의 대화

경북 상주지역의
바위구멍 유적

일운─雲 김상호 지음

북랩

프 롤 로 그

바위구멍 유적은 문화유산 가운데 옛날이나 지금이나 의식주(衣食住) 해결을 위한 일상생활 근거지와 가장 가깝게 있고, 무의식 속에서 함께 해온 친밀한 유적이지만 유산(遺産)으로 주목을 받지 못하고 있다.

바위에 그림이 있거나 모양이 특별하다면 시각적으로 잘 나타나 주목을 받을 수 있으나 바위 표면에 홈을 여러 개 조성해 놓았을 뿐 바위 또는 홈 자체가 예술성을 갖지 못하거나 조성의 의미를 쉽게 이해할 수 없는 경우 사람들에게 흥미를 주거나 유산으로서 가치를 인정받지 못했다. 그러나 이 유적은 선사시대부터 근대 일상생활까지 인간의 잠재의식으로 전승되어 온 의식행위로서 가장 오래된 인간의 풍속이다.

사전적 의미를 보면 고고학에서는 홈 구멍(性穴, cop-mark), 민속학에서는 알 구멍, 알 바위 등으로 표현한다. 이외에 별자리 구멍(星穴)으로 불리고, 최근 연구에는 바위구멍(巖穴)으로 표현하기도 한다. 이러한 표현은 구멍의 형상이 생식기(生殖器)를 나타낸다면 성혈(性穴), 별자리의 의미라면 성혈(星穴)이란 조성 의도로 명칭을 표현하기 때문이다. 또 성격 규명이 명확하지 않은 구멍의 표현을 암혈(巖穴)이라는 용어로 표현하고 있으나 암혈은 국어사전적 의미로는 동굴을 뜻하고 있다. 이렇듯 사용하는 통칭 용어가 없다는 것은 학계에서 지금까지 이 유적에 관한 관심이 없었고, 유산으로 취급하지 않았다는 것을 방증하는 것이다. 다만 지석묘에 구멍 유적이 있을 때는 지석묘 조사에 부가적으로 구멍이 있다는 표현만 하였을 뿐이다. 이에 따라 바위구멍이 있으면 지석묘라는, 수학 등식처럼 막연한 의미로 해석되기도 했다.

이 책에서 용어는 성격 분류가 되지 않는 구멍은 용어를 특정할 수 없으므로 구멍이 있는 바위의 총체적인 의미로써 바위구멍(cop-mark, 穴巖)으로 통칭했다. 성격이 명확한 생식기형의 성혈(性穴巖), 별자리형의 성혈(星穴巖) 등의 바위(巖)를 생략하고, 약칭 성혈(性穴), 성혈(星穴) 등으로 표현했다.

조사의 방법은 상주시의 행정구역에 흩어져 있는 유적으로 한정하고, 원시 촌락에서 발전하여 오늘날의 생활 근거지로 정착된 법정, 행정 읍면동별로 조사하여 구분해서 소개했다. 조사 유형은 함창지역의 고녕가야국, 상주지역의 사벌국 중심 유적지인 오봉산과 성안산을 중심으로 그 주변 일대에 집중하였고, 유적마다 사진과 현황도를 작성하여 조성 형태를 쉽게 이해할 수 있도록 했다.

제1장에서는 자연, 지리, 역사 등의 환경에서의 상주 지위와 국토에서 위치, 선사, 역사 등 시대의 주요 유적과 시공간적 상관성을 살펴보았다.

제2장에서는 우리나라의 주요 바위구멍 현황과 상주지역에 조성한 유적의 위치, 좌표, 구멍 개수, 성격을 개괄적인 현황으로 소개했다. 이와 함께 유적의 위치를 지도에 표기하여 상주지역의 어느 위치에 집중되어 나타나는지를 쉽게 알 수 있도록 했다.

제3장에서는 오봉산, 성안산 등과 연결되어 나타나는 읍면동의 유형별로 소개하고, 지역의 인문 환경, 유물의 산포지 등을 함께 검토하여 개별 유적과 함께 설명했다.

제4장에서는 종전에 조사된 바위구멍 유적이 사라지거나 훼손된 곳의 위치를 확인하고, 전·후의 사진 등 비교할 수 있는 기록 보존용 자료를 수록했다.

제5장에서는 조사한 유적을 바위구멍과 산성, 고분군 유적과 상관성, 입지, 조성 형태, 조성 시기에 집중하여 분석했다.

조사된 유적은 전체 127개소, 2,123개 구멍으로 상주의 24개 읍면동 중 18개에서는 확인되고, 모서, 화남, 은척, 내서면과 동성, 신흥동의 6개 지역에서는 발견되지 않는다. 이와 같은 현상은 오래전부터 사람이 거주한 생활 터전과 밀접한 관계가 있다. 사람이 늦게 정착한 지역에는 유적이 나타나지 않음을 의미하는 것이다.

구멍 조성 형태에 따라 별자리형(星穴), 별자리 중에서도 가장 많이 나타나는 삼태성형(三台星形), 윷판형(柶圖形), 별자리와 다른 형태의 혼합형(混合形), 남녀 성기의 모방형(性穴)으로 분류하고, 기타는 구멍(穴)으로 분류하였다. 또한 입지 여건에 따라 산의 정상과 능선, 계곡, 평지 등 입지별로 분류했으며, 구멍이 조성된 바위를 암반, 독립 바위, 원석, 파손 바위로 구분하고, 조성면과 분포 형태, 문자나 그림이 함께 조성되었는지를 분석했다.

이러한 구멍 조성행위는 1924년까지는 확인되나 그 이후부터는 흔적을 발견할 수 없는데 이는 근대화에 따른 대중매체 발달로 인해 전통 의식 변화를 가져오면서 사라진 것으로 추측된다.

유적의 현상은 바위 상단부에 조성되는 특수성에 의해 직사광이나 눈비 등 자연 풍화 조건에 완전히 노출되어 구멍에 눈비가 항상 고여 있는 상태로서 동해(凍害)에 의한 훼손이 심각하게 진행되고 있다. 훼손의 진행은 사암 계통의 바위에서 풍화작용에 의한 알갱이 입자 탈락이 더욱 빠르게 진행되고 있으며, 퇴적층의 분리에 의한 박락 현상도 일어나고 있다. 바위 글과 그림 등 다른 유산과 같이 국가 보호제도의 사각지대에 남아 있는 마지막 유적으로서 제도적인 조사와 보호가 절실하다.

이 책은 상주지역에 국한된 조사 내용으로, 다른 지역에도 전문적인 전수조사가 이루어져 유적의 성격과 가치가 제대로 조명되는 데 밑거름이 되기를 기대한다.

아울러 산, 강, 들 등 유적이 있는 여러 지역 구석구석을 가시덤불과 오랜 세월 덮여 있던 퇴적물을 제거해 가면서 발굴에 도움을 주신 강용철, 김홍준, 임부기 님과 격려와 조언을 주신 여러분께 감사의 말씀을 드린다.

2022年 伏月

일운 一雲 김상호 씀

목 차

프롤로그   5

제1장   상주의 환경

1. 자연 환경   14
2. 지리 환경   15
3. 역사 환경   18

제2장   바위구멍의 기원과 상주의 유적

1. '바위구멍' 용어에 대하여   26
2. 바위구멍의 기원   28
3. 상주 바위구멍 유적 개요   30

제3장   상주지역의 바위구멍 유적

제1절 오봉산(함창읍, 공검면, 이안면)

1. 함창 신흥리(고분군)   42
2. 공검 역곡리   62
3. 이안 이안리(이안천)   67
4. 이안 소암리   68
5. 함창 윤직리 두산(머리뫼)   70
6. 함창 윤직리(치마바위)   71

제2절 성안산(사벌국면)

1. 현황   74
2. 사벌 엄암리(이부곡토성)   78
3. 사벌 엄암리   82
4. 사벌 화달리   85
5. 사벌 금흔리(사벌왕골)   91
6. 사벌 매호리   100

제3절 중동면

1. 중동 우물리 바위구멍군   102
2. 중동 회상리(칠성바위)   110
3. 중동 회상리(횟골)   112

제4절 낙동면

1. 낙동 승곡리(옥가실)   114
2. 낙동 운평리(굴티)   115
3. 낙동 상촌리(삼봉산)   116
4. 낙동 신상리   117
5. 낙동 용포리   120

제5절 청리면

1. 청리 하초리   122
2. 청리 덕산리(화장바위)   125
3. 청리 청하리(동구)   126
4. 청리 청하리(구시골)   128
5. 청리 삼괴리   131
6. 청리 수상리(청리교회)   132

제6절 공성면

1. 공성 봉산리(쥐은고택)   136
2. 공성 인창리   137
3. 공성 금계리   138
4. 공성 이화리   140

제7절 외남면

1. 외남 소은리　　　　　　　　　　142
2. 외남 구서리(안령)　　　　　　　143

제8절 모동면, 화동면, 화서면

1. 모동 수봉리　　　　　　　　　　148
2. 화동 어산리(절티골)　　　　　　150
3. 화서 하송리　　　　　　　　　　152

제9절 화북면

1. 화북 용유리(동천암)　　　　　　154
2. 화북 중벌리　　　　　　　　　　155
3. 화북 장암리　　　　　　　　　　156

제10절 외서면

1. 외서 봉강리(각골)　　　　　　　158
2. 외서 봉강리(황바위골)　　　　　159

제11절 남원동

1. 연원동(수석정)　　　　　　　　162
2. 연원동(신장상)　　　　　　　　164

제12절 동문동

1. 서성동(왕산 역사공원)　　　　　166
2. 복용동　　　　　　　　　　　　169
3. 도남동(도남서원)　　　　　　　171
4. 외답동(북망단)　　　　　　　　172
5. 외답동(관음정사)　　　　　　　173
6. 화개동　　　　　　　　　　　　174

제13절 북문동

1. 만산동 자산(외서골)   178
2. 만산동 바깥너추리(마을회관)   184
3. 만산동 바깥너추리(장지샘)   185
4. 남적동(장고개골)   186
5. 남적동(무문토기 산포지)   187
6. 남적동(세천)   190
7. 부원동(지석묘)   191

제14절 계림동

1. 계산동   194
2. 중덕동   198
3. 낙상동   199
4. 화산동(안테방산)   201
5. 화산동   203
6. 화산동(제공골)   205

제4장   사라진 바위구멍 유적

1. 도남동 범월교   208
2. 사벌국면 퇴강리   209
3. 사벌국면 금흔리   210

제5장   바위구멍 조성 양상의 분석

1. 바위구멍, 산성, 고분군 유적의 상관성   214
2. 입지, 바위구멍 조성 형태   216
3. 바위구멍 조성 시기   224

에필로그   227
참고문헌   229

제1장

상주의
환경

1. 자연 환경

상주는 소백산맥이 영남과 충청의 경계를 이루는 경상북도 서북단에 위치한다. 남·서·북쪽은 속리산의 천황봉, 문장대 등 해발 1천m를 넘는 준봉으로 이어진 산악지대이며, 동쪽은 낙동강 유역을 따라 발달한 평야지대로 옛날부터 영남의 첫 곡창지대의 지위를 유지하면서 일찍부터 인류가 정착했다. 지형이 대체로 서쪽의 백두대간에서 낙동강이 있는 동쪽으로 낮아지는 동저서고(東底西高)형으로 상주의 하천 대부분은 동쪽에 있는 낙동강 수계에 속한다. 그러나 백두대간의 서쪽은 금강 수계에 속하는 일부 지역도 있다. 수리적 위치는 아래와 같다.

경위	단	극점	지명	경계 지점	연장거리
동경	극동	동경 128° 21′ 28″	중동면 우물리	의성 단밀 팔등	동-서간 43.3km
	극서	동경 127° 47′ 55″	화북면 운흥리	보은 산외 대원	
북위	극남	북위 36° 14′ 06″	공성면 이화리	김천 감문 문무	남-북간 49.0km
	극북	북위 36° 39′ 14″	화북면 입석리	괴산 청천 이평	

[경위도상의 위치]

2. 지리 환경

상주의 동쪽 끝은 중동면 우물리의 위천으로 의성군 단밀면의 팔등리, 용무리와 경계를 하고 있으며, 서쪽 끝은 화북면 운흥리의 활목 고개로서 충북 보은군 산외면 대원리와 이웃한다. 남쪽 끝은 공성면 이화리로서 김천시 감문면 구례리와 문무리의 경계가 만나는 곳이며, 북쪽 끝은 화북면 입석리로서 충북 괴산군 청천면 이평리와 경계 지점이다.

관계적인 위치를 보면 경상북도 서북단 백두대간 아래에 있어 경북의 남부와 동부 지방보다 안동, 문경, 예천 등의 북부 지방과 교류가 잦고, 다른 시도는 충북의 괴산, 보은, 영동 등과 교류가 많은 편이다.

또한 낙동강이 강원도 태백 황지(黃池)에서 발원하여 상주 경계에 이르면서 비로소 강다운 강이 시작되고, 충적평야가 형성된다. 강변의 비옥한 토양으로 인해 농업이 발달하고, 물산이 풍부하였으며, 부산의 해양 문화와 낙동강으로 연결된 수운 교통의 최북단 요충지였다. 따라서 낙동강을 활용한 수운으로 공물을 수송하였으며, 국내뿐만 아니라 일본과도 물자 수송과 인적 교류가 많았다. 육상 교통에서도 조선시대에는 국토 중심도로의 하나인 문경, 상주, 고령, 영산, 고성, 거제로 이어지는 '조선시대 5대 주요 교통로'상에 위치하여 교통량이 많았고, 문화 교류가 빨라 조선 초 경상감영이 자리 잡는 계기가 되었다.

교통은 남북으로 김천과 문경을 잇는 경북선 철도와 국도 3호선이 나란히 달리고 있으며, 동서로는 국도 25호선이 대구와 보은으로 통한다. 근래에 와서는 중부내륙고속도로, 당진-영덕 고속도로, 상주-영천 고속도로의 개통과 더불어 남한의 지리적 중심부이자 육상교통의 요충지로서 전국 어느 곳에서나 접근성이 양호하여 성장 가능한 도시로 부상하고 있다.[1] 또한 동북부에서 남부로 이어진 준봉을 경계로 서쪽에 높은 산지가 많고 동쪽에 낮은 들판이 넓

---

[1] 자연·지리적 환경에 대한 전반적인 내용은 손명원의 논문을 발췌하여 편집하였으며, 일부는 아래의 책들을 참조하여 수정하였다. 손명원, 2002, 「尙州의 自然地理」, 『한국지역지리학회지』 8. 상주시, 2011, 『尙州市史』. 이보영, 2012, 「낙동강을 품은 상주땅 이야기」, 『낙동강을 품은 상주 문화』 상주박물관 문화총서 1 등.

어 자연재해의 영향이 적어 십승지(十勝地)로 알려지기도 했다.

문경의 수정봉(487m)에서 공성면 웅이산(793m)을 잇는 선을 경계로 한 서쪽의 산지는 서북부의 청화산(988m)에서 속리산을 지나 남동 방향의 봉황산(740m), 백학산(615m), 웅이산(793m)으로 이어지는 백두대간을 경계로 세분된다. 따라서 상주의 지형은 크게 동부 저지, 백두대간 동쪽의 서북부 산지, 백두대간 서쪽의 서남부 분지로 크게 구분할 수 있다.

서북부 산지는 백두대간의 청화산과 속리산에 속하는 백악산(856m), 묘봉(874m), 관음봉(983m), 문장대(1,028m), 입석대(1,016m), 비로봉(830m), 천황봉(1,058m), 형제봉(829m), 도장산(828m) 등 봉우리와 형제봉에서 동쪽으로 이어지는 남산(821m), 칠봉산(596m), 작약산(760m), 수정봉(487m), 노음산(728m)과 국사봉(337m) 등 높고 험준한 산지를 이룬다. 이 지역은 대부분 이안천과 북천 유역에 속하며, 화북면은 낙동강의 지류인 농암천 유역과 남한강의 지류인 화양천 유역에 속한다. 지질은 중생대 쥐라기의 화성암류로서 화양천, 농암천 상류, 이안천 상류를 따른 북북서 방향과 이안천의 주 방향을 따른 북동 방향의 구조선이 뚜렷하다.

서남부 분지는 백두대간의 봉황산에서 갈라져 남으로 뻗은 천택산(684m), 팔음산(762m), 천금산(465m)과 백두대간 주변의 성봉산(572m), 와곡산(576m), 지압산(723m), 그리고 백화산의 한성봉(933m), 주행봉(864m)으로 둘러싸여 있다. 이 지역은 대부분 금강의 지류인 석천(구수천) 유역이며, 금계천이 일부를 점유하고 있다. 분지의 동쪽 경계는 선캄브리아기의 소백산 편마암 복합체로 구성되어 완만한 구릉지를 이루나 서쪽 경계의 하천은 중생대 쥐라기와 백악기의 화성암류로 구성된 험준한 산지를 뚫고 협곡을 이루고 있다. 이 분지는 고생대 퇴적암으로 구성된 낮은 산지에 의해 화령 분지와 중모 분지로 세분된다.

동부 저지는 북부 산지의 남쪽 경계를 이루는 산줄기와 백두대간 그리고 웅이산에서 동으로 이어진 백운산(618m), 기양산(707m), 수선산(683m), 복우산(508m), 삼봉산(447m), 그리고 낙동강과 영강으로 둘러싸여 있다. 이 지역의 지질은 선캄브리아기의 소백산 편마암 복합체가 저지를 이루고, 백악기 화성암류와 중생대 경상계 퇴적암류가 서산, 갑장산 일대와 비봉산 일대의 산지를 이룬다. 이 지역은 상주를 지나 낙동강으로 흘러드는 병성천, 동천의 유역이 대부분을 차지하며, 수선산, 갑장산, 병풍산을 경계로 세분되는 장천 유역과 낙동강 동편의 말지천 유역, 이안천, 영강의 하류가 포함된다.

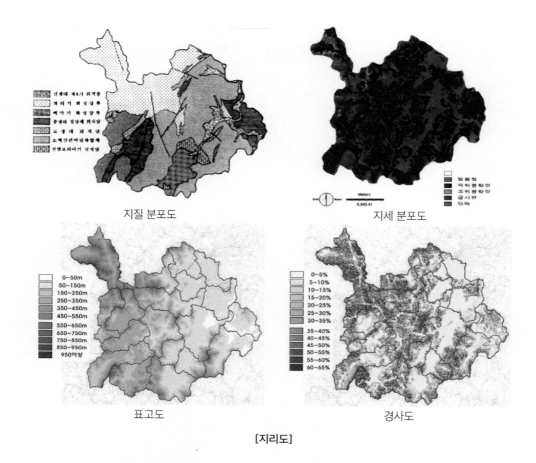

지질 분포도

지세 분포도

표고도

경사도

[지리도]

　이러한 상주의 지형은 표고와 경사를 통해서 뚜렷이 나타나는데 표고는 서쪽 지역의 높은 고도에 반해 동쪽 지역은 상대적으로 낮은 고도를 보인다. 경사도 또한 서북쪽의 산악지대와 서남쪽의 산간분지, 그리고 동쪽의 저지가 뚜렷하게 그림에서 구분됨을 확인할 수 있다. 특히 동부지역을 중심으로 평탄지가 분포하여 경사도 25% 미만의 지형이 전체 면적의 61.6%를 점유하고 있다.

3. 역사 환경

(1) 구석기시대

낙동강 연안에 형성된 충적평야에 자리한 영남 서북부지방의 최고의 곡창지대이자 수륙교통의 요충지라는 지리적 여건에 따라 일찍이 구석기시대부터 인류가 정착했다. 이 시대에 확인된 유적은 낙동 신상리와 청리 마공리 유적이 있다.

구석기시대 중기 이전 유적은 신상리 산 7-1, 1-9번지 발굴조사에서 확인되었으며, 낙동강과 장천이 합수되는 퇴적암지대로서 해발 50~100m의 구릉성 산지가 널리 발달했다.

[신상리 구석기]

이 유적은 구릉에 위치하며, 장천의 범람으로 형성된 단구(段丘) 위에 퇴적층이 양호하게 남아 있는 곳으로 6매의 토양쐐기가 확인되었고, 문화층은 3개이다.

상주에서 후기 구석기시대에 해당하는 유적이 정식으로 발굴된 곳은 지금까지는 없으나 청리 유적 발굴조사에서 3점의 석기가 확인되면서 후기 구석기시대의 유적이 분포하고 있을 가능성이 크며, 출토된 유물 중에서 두 점은 석인과 세석핵으로 후기 구석기시대의 대표적인 두 가지 기법, 즉 석인기법과 세석인기법의 기술이 반영되어 있다.[2]

이 시대의 유적지 일대에 분포된 바위구멍 유적은 신상리 348, 1075, 산8-1번지에서 확인된다. 낙동강의 남쪽 묘지 구역에 분포하며, 신상리 마을에서는 근래까지 구멍이 여러 개 조성된 거북 형상의 바위에 동제를 지내 왔다.

(2) 신석기시대

지금까지는 지표조사나 구제발굴조사에서 신석기시대 유적이나 유물이 확인되지는 않았다. 그러나 낙동면 신상리나 청리면 마공리 등에서 구석기와 청동기시대 유적이 확인되었고, 동일 수계에 있는 김천 구성면 송죽리에서 신석기시대의 마을이 확인되었다. 소백산맥 반대쪽의 금강 상류와 남한강 상류에서 신석기시대 유적이 다수 조사된 점 등 주변 지역의 유적 분포 여건을 본다면 상주에서도 이 시기 유적이 곧 조사 될 가능성이 크다.

(3) 청동기시대

발굴조사를 통해 확인한 청동기시대의 주거지는 현재까지 청리 마공리와 시내 복용동 2개소에 불과하다. 청리면 마공리 유적에서는 주거지 1동과 수혈 유구 1기가 조사되었다. 주거지는 평면 형태가 580×430㎝ 크기의 방형으로써 내부에는 불에 탄 흔적인 소토와 목탄이 남아 있다. 수혈 유구는 전체의 절반 정도가 유실되어 정확한 형태가 남아 있지는 않지만, 방형에 가까운 평면 형태와 내부에서 출토된 토기 등을 통해 볼 때 주거와 관련된 유구이다.

복룡지구 주택건설부지 내 복룡동 256번지 유적에서는 모두 5기의 주거지가 조사되었다. 복룡동 유적에서 확인한 청동기시대 주거지는 원형의 주거지 2동, 장방형 주거지 3동을 조사하였다.

---

2   慶尙北道文化財研究院, 尙州 新上里 舊石器遺蹟(2003年度 試掘調査), 2005

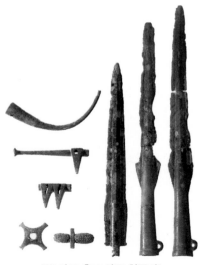
[傳 상주 출토 각종 청동기]

또한 복룡동 국민체육센터 조성부지 내 복룡동 130번지 유적에서는 유구가 확인되지 않았으나 무문토기 구연부편과 저부편이 출토되었으며, 국도 대체 우회도로 건설공사 구간 내 헌신동 765-2번지 유적에서 청동기시대의 크고 작은 수혈 유구 5기가 확인되었다. 이들 유적의 존재를 미루어 보면 북천 주변의 충적지대에 많은 청동기시대의 유적이 있을 것으로 보인다.

지석묘는 낙동강이 내려다보이는 구릉 사면이나 낙동강으로 흘러드는 소하천변에 있는 평지가 야산과 연결되는 구릉 사면에 군집을 이루어 위치한다. 현재 상주시 헌신동, 부원동, 중덕동 등 약 30여 개소 이상의 유적이 있다. 이 지석묘 중 10개소에서는 바위구멍 유적이 확인된다.

이 시대 유적 일대에서 나타나는 바위구멍 유적은 복룡동 지하차도 발굴조사에서 확인되었으며, 지상의 유적은 비의 대좌에 있는 것으로 후기에 조성된 것이다. 근래에 발견된 낙동면 물량리 '인물 암각화'와 함창 신흥리 오봉산의 바위구멍 유적을 이 시기에 조성한 것으로 유추하고 있다.

(4) 초기 철기시대

초기 철기시대에 해당하는 철기가 발견된 바는 없으나 병성동 유적에서 일반적으로 철기의 도입과 궤를 같이하는 원형 점토대토기가 출토되는 것으로 보아 이를 전후한 시기에 철기가 전래하였을 가능성이 크다.

중부내륙고속도로 건설 때 병성동 고분군 일원을 발굴조사하면서 초기 철기시대 수혈 유구 2기가 확인됐다. 유구는 조사 구역 북쪽 사면과 등대 위에 동서로 약 33m의 간격을 두고 위치한다.

[각종 토기(상주박물관)]

한편 낙동리에서 출토된 것으로 알려진 일괄 유물 중 한식경, 동모 등은 중국 및 일본과 교류한 흔적으로 추정되고 있어 상주지역이 기원전 2세기경에는 비교적 먼 지역과도 직간접적으로 교류하고 있었음이 확인된다.

이와 함께 최근 남천과 연접한 외답동과 화개동의 야산에서 두형토기편 등이 지표에서 수습되며, 엄암리 '이부곡토성' 발굴조사에서도 두형토기, 삼각형 점토대토기 등이 확인되었다.[3]

이 시기 유적 일대의 바위구멍 유적은 화개동과 사벌면 엄암리 이부곡토성 주변에서 많이 확인된다. 이곳에서는 이부곡토성 주변의 북쪽 엄암리에서부터 금흔리, 화달리로 이어지는 낮은 산 능선을 따라 조성되었다.

(5) 삼한시대

상주지역에서 소국은 사벌국(沙伐國)과 고녕가야국(古寧加耶國)이다. 사벌국은 시대를 달리하는 2개의 사벌국이 있었다. 전자의 사벌국은 삼한시대인 185~249년까지, 후자의 사벌국은 통일신라 후기의 918~927년까지의 사벌국이다. 전자는 『삼국사기』에 "상주는 첨해왕(247~261년)

---

3 상주박물관, 상주 금흔리 이부곡토성 유적 문화재 학술발굴조사 현장공개 설명회 자료(2021. 10. 1.)

때에 사벌국(沙伐國)을 빼앗아 주(州)로 삼은 것이다'라는 기사를 근거했다. 이 사벌국은 김천 지역의 감문국과 함께 신라의 장군 우로에 의해 멸망하였다. 감문국의 멸망이 231년으로 그 멸망 시기는 3세기 중엽이라고 할 수 있겠다.

후자의 사벌국은 상산 박씨의 '사벌국 약사(略史)'에 나타난다. 신라에는 56명의 왕 중에서 54대 경명왕의 둘째 아들인 언창('彦昌', '彦宗'이라고도 한다)이 사벌주(沙伐州)의 사벌대군(沙伐大君)에 봉해졌다. 당시 사벌주는 고려와 후백제의 각축장이 되었는데 후백제왕 견훤과 아자개가 침략하여 10여 년간 항거하였으나 927년(경순왕 3) 9월 항전 13년, 재위 11년 만에 패망하였다고 한다. 후자의 '사벌왕릉'이 사벌면 화달리에 있으며, 왕비릉은 예천군 대심동에 있다.[4]

가야 소국 중의 하나인 '고녕가야'가 함창지역 일대에 있었다. 『삼국사기』, 『삼국유사』 등의 기록에서 "상주 관내 고녕군(古寧郡)은 본래 고녕가야국(古寧加耶國)이었는데, 신라가 빼앗아 고동람군(古冬攬郡) 〈또는 고릉현(古陵縣)〉으로 삼았다"라고 전하고 있으나 이 기사는 학계로부터 인정받지 못하고 있다. 이는 위치가 진주로 보는 학설 때문이었는데 최근 학계에서는 "논란 지역"으로 설정하고, 시공간적 범위에 관한 지속적 조사연구 및 심층 논의 필요 지역으로 논의됐다.[5]

북한학계에서는 삼국유사의 함창지역 존립 기사에 대해 원래 '고녕가야'가 함녕(함창)에 있었는데 신라의 공격으로 가리현(加利縣)으로 도읍을 옮긴 것으로 보고 있다.[6] 함창읍 증촌리에는 왕릉과 왕비릉이 있다.[7] 이 시대부터 바위구멍 유적은 함창 신흥리 오봉산과 사벌면 엄암리 성안산 등 이전의 시기와 중첩되어 나타난다.

---

4 尙州(商山)朴氏 大同譜, 醴泉郡誌(1936), 醴泉村落史(1992)

5 국립가야문화재연구소, 가야문화권 중장기 조사·연구 종합계획, 2019, 24쪽

6 조희승, 북한학계의 가야사 연구, 2020, 도서출판 말, 111~117쪽

7 조선 선조 25년(1592) 경상도관찰사 金晬와 함창현감 李國弼에게 능의 階前에 매립된 碑碣을 열어 보게 한 결과 陰 刻된 글자를 발견하여 고녕가야왕릉임을 확인하였고, 숙종 38년(1712) 왕명에 의해 묘비와 석물을 건립하였다고 전한다. 왕릉은 봉토의 직경이 6.7m, 둘레 21m, 높이 3m인데, 왕릉에서 동으로 약 200m 떨어진 곳에 왕비릉이 있다. 尙州市·郡, 『尙州誌』, 1989, 893쪽

⑹ 삼국시대 이후

삼국시대 이후의 역사 환경 등은 아래 요약 역사 연표와 같다.

시대	연대	연혁
先史時代	-	인류 정착, 낙동면 신상리 유적(중기 이전)
三韓時代	-	진한의 영토에 속하고 沙伐, 沙弗이라고 불렸음.
三國時代	沾解王 元年(248)	사벌국이 신라에 병합되어 사벌주(沙伐州)로 됨.
	沾解王 7年(254)	고녕가야국이 신라의 침공으로 김해로 도읍을 옮김.
	法興王 12年(525)	사벌주(沙伐州)를 상주(上州: 2京 5州의 하나)로 개칭하고 군주(軍主)를 둠.
	神文王 7年(687)	신라가 삼국을 통일한 후 행정구역을 개편, 9州의 하나인 沙伐州를 다시 설치하고 파진찬을 총관으로 삼아 다스리게 하였으며, 州 밑에 10郡 30縣을 두었음.
	景德王 16年(757)	오늘날의 명칭인 尙州로 개칭.
	惠恭王(765~780)	신라 36대 혜공왕 때 沙伐州로 복명되어 고려 초까지 사용.
高麗時代	太祖 23年(940)	尙州로 개칭하고 안동도호부를 설치.
	成宗 2年(983)	지방제도를 정비하면서 전국을 12牧으로 분치할 때 尙州牧으로 하고 牧使를 두었음.
	成宗 14年(995)	전국을 12節度使로 개편할 때 귀덕군(歸德軍)이라 부르기도 하였으며 영남도에 귀속시켰음.
	顯宗 3年(1012)	12절도사를 폐지하고 5도(道) 양계(兩界)로 개편할 때 안동대도호부(安東大都護府)를 설치.
	顯宗 9年(1018)	전국을 4도호(都護), 8목(牧), 56지(知), 주(州), 군사(郡事), 28진장(鎭將), 20현령(縣令)으로 개편 시 전국 8목(牧) 중 하나인 상주목(尙州牧)으로 개칭되어 조선 초기까지 지속되었음.

		조선기에 와서 감영(監營)은 경주에 본영(本營)을, 상주에 유영(留營)을 두었다가 세종 때 경주와 상주에 각각 본영(本營)을 두었으며, 감사(監司)로 하여금 상주 목사(牧使)를 겸임토록 하고 별도로 판관(종5품)을 두어 행정을 담당케 하였음.
朝鮮時代	世宗 31年(1449)	전국을 8도(道)로 개칭할 때 경상도(慶尙道)에 속하고 관찰사(觀察使)가 상주목사를 겸함.
	高宗 32年(1895)	칙령(勅令) 제98호(1895. 5. 26. 공포)로 23부제 실시에 따라 상주군으로 개칭, 군수(郡守)를 임명.
	高宗 33年(1896)	칙령 제36호(1896. 8. 4. 공포)로 전국 23부(府)가 13도(道)로 정비되면서 경상북도 상주군이 됨.
日帝强占期	1914. 3. 1.	부령 제111호(1913. 12. 29. 공포)로 부, 군, 면(府, 郡, 面) 폐합에 따라 함창군(咸昌郡) 일원이 상주군에 편입(18面).
	1931. 4. 1.	부령 제103호(1930. 12. 29. 공포)로 읍, 면제(邑, 面制) 실시에 따라 상주면이 읍으로 승격(1읍 17면).
大韓民國	1980. 12. 1.	함창면이 함창읍으로 승격
	1986. 1. 1.	상주읍이 상주시로 승격
	1995. 1. 1.	市·郡이 도농복합시로 통합(1읍 17면 7동)
	1995. 7. 1.	민선 지방자치제 실시
	1998. 10. 12.	중앙동과 동문동이 동문동으로 통합(1읍 17면 6동 4출장소)

[요약 역사 연표]

제2장

바위구멍의 기원과 상주의 유적

1. '바위구멍' 용어에 대하여

암각 문화의 일종으로서 바위에 홈을 파고 주술적인 행위의 흔적으로 나타난 바위구멍을 성혈(性穴) 또는 성혈(星穴)로 부르고, 지석묘에 많이 나타나고 있어 선사 유적으로 분류해 왔다. 그러나 지석묘의 성혈 존재 관계에 있어서 '성혈이 있으면 지석묘이고, 성혈이 없으면 지석묘가 아니다'라는 절대 등식은 성립하지 않는다. 상주지역에서 조사된 지석묘는 성혈이 있는 것보다 없는 지석묘가 대부분이기 때문이다.

또한 바위구멍 조성행위는 선사시대에 국한된 것이 아니라 근대까지도 이어져 오는 암각 문화의 일종으로서 바위에 구멍이 있는 근대의 암각 문화까지 선사 유적으로 보는 것은 암각 문화연구가 그만큼 빈약하였다는 것을 방증하는 것이다.

성혈 조성의 목적에 대한 선행의 연구를 보면, 바위에 새긴 오목 구멍은 여성의 성기(性器)로 여기고 이는 여성의 생산성에 비유한 의례 행위로 만들어진 형상이라 했다. 또한 바위에 오목한 구멍을 만들고 다른 도구로 구멍 속을 비비면서 주술행위를 한 것은 남녀의 성적(性的) 교합과 비슷한 행위를 통해 생산과 풍요를 기원하는 민간신앙(祈子信仰)의 한 형태로서 모방주술(模倣呪術)이며, 이는 성(性) 신앙의 남근숭배로부터 기자 신앙으로 발전하면서 풍요와 생산을 그 목적으로 한다. 또 다른 목적은 장수를 기원하는 칠성 신앙, 풍요와 기자, 장수, 재복을 기원하는 거북 신앙 등 다양한 민속신앙을 생성한다. 즉, 조성자의 목적을 기원하는 민속신앙이고, 그 결과에 따라 생긴 것이 '바위구멍'이란 것이다.

그러나 이러한 논리는 조성의 위치, 형태, 크기, 연속성, 시기 등에 따라 달리 분류되어야 하나 단순하게 선사 유적, 민속신앙으로서 모호한 시대 분류로 설명되고 있어 유물의 시대 성격이나 보존에 큰 영향을 미친다. 이렇게 소홀하게 취급된 유적은 문화재적 가치나 아무런 제도적인 보호 장치 없이 건설공사 등 개발사업에 의해 무관심 속에서 사라지고 있다.

용어를 보면, 지금까지는 바위구멍 유적에 대해 바위 면에 둥근 구멍을 파 놓은 구멍 유적으로 성혈(性穴)이란 용어가 오랫동안 사용됐다. 이는 다산과 풍요를 기원하는 의미의 샤머니

즘 소산물로 해석되어 민속의 일종으로 인식해 왔기 때문이다. 이 유적은 우리나라를 포함한 세계 곳곳에서 확인되고 있으며, 일반적으로 '알 구멍'이나 '굼' 등으로 부르기도 한다. 지금은 특별한 목적의 형태에 따라 조성된 암각화의 일종으로 분류되기 때문에 성혈이란 용어로 국한하기보다는 좀 더 넓은 의미로 '바위구멍'이란 표현이 사용된다.

바위구멍은 암석 신앙의 일종으로서 넓은 의미로써 풍요와 다산을 기원하는 의미라고 하지만 실제는 염원과 조성 목적에 따라 친족의 집단 표시, 질병 치료와 장수의 기원, 천둥 경외 사상, 불씨 생산, 태양 숭배 사상 등 다양한 해석이 나오고 있다. 최근에는 별자리, 친족 집단의 표시, 질병 치료와 장수 기원 등의 주장이 많이 제기되고 있다. 또한, 형태에 따라 구멍만 새긴 것, 구멍과 구멍 사이를 홈 줄로 연결한 것, 별자리형, 윷판 모양으로 형상화한 것 등으로 다양하다.

상주지역에도 여러 곳에 바위구멍 유적이 산재하고 있으나 현재까지도 몇 개만 선사 유적으로 조사되었을 뿐 구멍의 배열 등 정밀한 조사나 연구는 이루어지지 않았다. 따라서 필자는 상주에서 문화유적 답사를 하면서 함께 조사한 유적 10개소를 저서『경북 상주지역의 바위글과 그림』을 통해 소개한 바 있다.

이 책에서는 '바위구멍'이란 용어로 통칭하며, 지난 조사에서 빠진 곳과 추가 발견된 바위구멍을 재정리하여 지금까지 소홀하게 취급되었던 암각 문화의 대중화를 유도하고자 한다.

필자가 조사한 상주지역의 바위구멍 유적은 127개 바위, 2,123개의 구멍으로 그중에서 유적이 집중된 함창 오봉산과 윷판을 조성한 낙동강변의 유적 등에 집중하고, 기타의 유적은 조성 형태 등 특성별로 분석한다.

2. 바위구멍의 기원

암석 신앙의 하나로서 최초의 바위구멍은 성혈(性穴)로, 바위에 인위적으로 홈을 파고 주술 행위를 한 장소로 모양과 형태가 다양하다. 우리나라와 유럽, 중앙아시아, 시베리아 등 세계 여러 지역에서 다양한 시대에 걸쳐 나타나며, 오목한 홈을 여성의 성기(性器)로 여기고 이것을 여성의 생산성에 비유한 의례 행위의 산물로 볼 수 있다. 즉, 오목한 홈을 만들고 다른 도구로 구멍 속을 비비면서 주술행위를 하여 남녀의 성적(性的) 교합과 비슷한 행위를 통해 생산과 풍요를 기원하는 민간신앙(祈子信仰)의 한 형태로서 모방주술(模倣呪術)의 일종이다. 성(性) 신앙의 남근숭배로부터 기자 신앙으로 발전하면서 풍요와 생산을 목적으로 한다. 이와 함께 장수를 기원하는 칠성 신앙, 풍요와 기자, 장수, 재복을 기원하는 거북 신앙 등 다양한 민속 신앙을 생성한다.

이러한 신앙 이외에 사람의 이름에도 바위가 나타나는데 조선 연산군의 원자의 이름은 금 석을이(金石乙伊), 즉 금돌이(金乭伊, 1497~?)이며, 쇠와 돌을 의미한다. 또한 서민의 이름을 마당 쇠나 돌쇠로 지은 것도 이와 같은 의미이다.

바위구멍은 주변에서 가장 쉽게 발견할 수 있는 유적으로서 바위구멍 주변과 군(群) 내에 는 윷판 모양의 바위구멍이 있는 곳도 있다. 이 윷판 바위구멍은 암각화로 분류하고 있다. 윷 놀이는 음력 정월 초하루부터 보름까지 남녀노소 누구나 즐기는 세시풍속이다. 윷은 한자로 는 '사희(柶戲)' 또는 '척사(擲柶)'라고 하며, 선조들은 윷을 던져 길흉을 점쳐 왔는데 이 놀이는 원래 윷점에서 비롯되었다고도 하며, 그 유래에 대해서는 여러 설이 있다.

16세기 조선 선조 때 김문표(金文豹, 1568~1608)의 「사도설(柶圖說)」에는 "윷판의 바깥이 둥근 것은 하늘을 본뜬 것이요, 안이 모진 것은 땅을 본뜬 것이니 윷판은 하늘이 땅을 둘러싼 모 습이라. 또 가운데 있는 것은 북극성이요, 옆으로 벌어져 있는 것은 28수이니 윷판은 북극성 을 중심으로 28수가 둘러싸고 있는 모습을 나타낸다"라고 했다.

신채호는 『조선상고사(朝鮮上古史)』에서 윷판을 "고조선 시대 오가(五加)의 출진도(出陣圖)"라

하였다. '도개걸윷모(刀介乞兪毛)'는 곧 가축의 이름을 쓴 오가의 칭호에서 비롯되어 '도'는 돼지 (豚), '개'는 개(犬), '걸'은 양(未), '윷'은 소(牛), '모'는 말(馬)을 뜻한다. 이병도는 「국사대관(國史大觀)」 에서 "부여(夫餘)의 관직제(官職制)를 모의(模擬)한 사출도(四出道)에서 유래되었다"라고 했다.[8]

윷판형 암각화는 천체 모형의 도형으로서 지석묘 문화 소멸기인 BC 4~3세기에서 초기 철 기시대에 처음 조성된 것으로 보며, 삼국시대 이후에는 기둥의 초석에 북극성 중심의 천문질 서가 그대로 인간 세상으로 치환되는 기원의 의미가 담긴 모습이 나타난다. 윷놀이는 오늘날 까지 전승되고 있는 가장 오래된 선사 문화라고 보고 있다.

이러한 윷판형 암각화는 한곳에 39점이 집중된 임실군 신평면 상가마을의 유적에서 2002 년부터 학계에 알려지기 시작해 2014년 임실군에서 학술대회를 거치면서 일반화되었다. 상 주에서는 필자가 2020년 중동면 우물리 윷판 암각화 6개를 발견하여 언론에 발표했다.[9] 앞 으로 유적의 가치와 상징성, 선사 민속의 현대적 계승 등 전국적인 조사와 연구가 필요한 부 분이다. 한국의 주요 윷판형 암각화 유적을 살펴보면 다음 표와 같다.

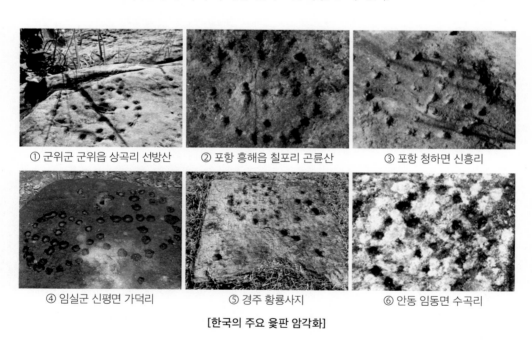

① 군위군 군위읍 상곡리 선방산   ② 포항 흥해읍 칠포리 곤륜산   ③ 포항 청하면 신흥리

④ 임실군 신평면 가덕리   ⑤ 경주 황룡사지   ⑥ 안동 임동면 수곡리

[한국의 주요 윷판 암각화]

8   대순진리회 여주본부 도장, 다시 보는 우리문화(윷판에 담긴 천문사상 윷놀이), 대순회보 91호, 대순 139년(2009) 1월, 86~91쪽

9   매일신문(2020. 11. 11.), 「윷놀이, 선사시대에도?…상주서 윷판 암각화 대량 발견」

3. 상주 바위구멍 유적 개요

바위구멍 유적은 다른 유적과 달리 기초 조사가 되어 있지 않아 조사하기가 쉽지 않다. 필자의 조사 방법은 첫 번째는 기존의 문화유적 분포조사 현황에서 성혈, 구멍 바위 등으로 나타나는 곳, 두 번째는 신앙의 대상이 되는 바위, 세 번째는 낙엽이 진 후 마을이나 도로에서 뚜렷하게 보이는 바위, 그다음은 마을 탐문 방법으로 조사를 진행하였다.[10]

조사 결과 상주지역에도 암각 문화의 흔적은 고스란히 남아 있었다. 지금까지 조사가 되지 않았을 뿐 바위구멍, 암각화, 암각서 등 다양한 형태로 나타나고 있다. 그중에서 바위구멍 유적은 127개소, 2,123개 구멍은 상주의 24개 법정 읍면동 중에서 18개 읍면동에서는 확인되고, 모서, 화남, 은척, 내서면과 동성, 신흥동의 6개 지역에서는 발견되지 않는다. 조사된 바위구멍 유적을 위치와 조성 성격에 따라 정리해 보면 다음 표와 같다.

번호	읍면동	명칭	위치	좌표	개수	성격
1	함창	윤직 치마바위	윤직리 859-1	N36°34′31.69″, E128°11′17.52″	17	星(龜)
2		윤직 두산	윤직리 338-1	N36°34′31.81″, E128°11′06.50″	7	三
3		신흥 가재골(1)	신흥리 524-2	N36°32′32.01″, E128°10′41.15″	225	柶+星
4		신흥 가재골(2)	신흥리 524-1	N36°32′33.12″, E128°10′42.29″	28	星
5		신흥 가재골(3)	신흥리 524-1	N36°32′32.65″, E128°10′41.94″	5	三
6		신흥 가재골(4)	신흥리 524-1	N36°32′32.49″, E128°10′40.59″	3	穴

---

10 문헌조사는 상주 문화유적분포지도(경북문화재연구원, 2001), 한국지명총람(한글학회, 2001), 상주 지명총람(조희열 편, 2002)을 검토하였다.

7		신흥 가재골(5)	신흥리 522	N36°32′33.14″, E128°10′40.52″	2	穴
8		신흥 가재골(6)	신흥리 522	N36°32′33.23″, E128°10′38.74″	4	穴
9		신흥 가재골(7)	신흥리 522	N36°32′32.75″, E128°10′38.45″	8	穴
10		신흥 가재골(8)	신흥리 522	N36°32′33.09″, E128°10′39.16″	8	穴
11		신흥 가재골(9)	신흥리 519	N36°32′32.52″, E128°10′38.14″	15	星
12		신흥 가재골(10)	신흥리 519	N36°32′31.79″, E128°10′38.80″	21	星
13		신흥 가재골(11)	신흥리 519	N36°32′31.66″, E128°10′39.24″	9	穴
14		신흥 가재골(12)	신흥리 519	N36°32′32.49″, E128°10′40.59″	1	穴
15		신흥 봉우재(13)	신흥리 산32	N36°32′19.24″, E128°10′48.31″	2	穴
16	사벌	엄암 성안산(1)	엄암리 산65-1	N36°27′13.20″, E128°12′20.73″	18	三
17		엄암 성안산(2)	엄암리 산65-1	N36°27′14.84″, E128°12′19.64″	3	三
18		엄암 성안산(3)	엄암리 산65-1	N36°27′14.63″, E128°12′19.69″	4	穴
19		엄암 성안산(4)	엄암리 산64-4	N36°27′19.44″, E128°12′25.77″	3	性
20		엄암 성안산(5)	엄암리 산67	N36°27′18.64″, E128°12′30.01″	19	三
21		엄암 성안산(6)	엄암리 산67	N36°27′18.99″, E128°12′30.38″	4	穴(龜)
22		엄암 토광묘유적	엄암리 산55	N36°27′28.72″, E128°12′25.06″	2	性
23		엄암 민묘	엄암리 563	N36°27′38.35″, E128°12′35.98″	13	三
24		엄암 민가	엄암리 862	N36°27′37.95″, E128°12′36.10″	34	三
25		화달 달천(1)	화달리 292	N36°06′58.50″, E128°13′17.43″	2	穴

26		화달 달천(2)	화달리 292	N36°06′58.25″, E128°13′17.25″	3	穴
27		화달 이사곡	화달리 산48-2	N36°26′27.58″, E128°3′43.88″	15	星
28		화달 소산	화달리 산48-3	N36°26′23.68″, E128°13′42.08″	6	穴(龜)
29		삼덕 소산	삼덕리 산77	N36°26′25.98″, E128°13′47.25″	6	三(龜)
30		금흔 사벌왕골(1)	금흔리 32	N36°26′27.93″, E128°13′15.15″	20	三
31		금흔 사벌왕골(2)	금흔리 산49-1	N36°26′30.34″, E128°13′15.16″	8	穴
32		금흔 사벌왕골(3)	금흔리 산46	N36°26′28.93″, E128°13′14.44″	125	三
33		금흔 사벌왕골(4)	금흔리 산46	N36°26′28.28″, E128°13′13.63″	8	三
34		금흔 사벌왕골(5)	금흔리 산46	N36°26′28.22″, E128°13′13.75″	8	三
35		금흔 사벌왕골(6)	금흔리 산46	N36°26′28.30″, E128°13′12.75″	5	穴
36		금흔(1)	금흔리 산40-1	N36°26′25.14″, E128°13′04.25″	19	三(龜)
37		금흔(2)	금흔리 산40-1	N36°26′25.09″, E128°13′04.32″	3	三(龜)
38		매호	매호리 산2	N36°30′29.86″, E128°15′25.47″	50	穴
39	중동	우물 토성(1)	우물리 산20-2	N36°23′46.77″, E128°19′00.31″	11	穴
40		우물 토성(2)	우물리 산20-2	N36°23′45.42″, E128°19′00.68″	14	栖
41		우물 천인대	우물리 산19	N36°24′04.34″, E128°18′47.78″	117	栖
42		우물 고분군(1)	우물리 산59-1	N36°24′19.30″, E128°19′16.16″	31	栖
43		우물 고분군(2)	우물리 산59-1	N36°24′20.97″, E128°19′20.64″	5	穴
44		우물 고분군(3)	우물리 산59-1	N36°24′24.67″, E128°19′23.06″	17	栖

45		우물 고분군(4)	우물리 산59-1	N36°24′25.34″, E128°19′22.37″	3	三
46		우물 고분군(5)	우물리 산59-1	N36°24′26.33″, E128°19′23.27″	106	柶
47		회상 칠성바위(1)	회상리 산202	N36°28′16.65″, E128°15′58.54″	3	性(支)
48		회상 칠성바위(2)	회상리 산13-11	N36°28′16.65″, E128°15′58.54″	1	穴(支)
49		회상 횟골	회상리 산192	N36°27′29.22″, E128°15′34.39″	3	穴(龜)
50	낙동	승곡 옥가실	승곡리 400	N36°21′25.65″, E128°13′27.53″	29	三
51		운평 굴티	운평리 산60	N36°22′27.19″, E128°11′25.49″	50	星
52		신상 채반바위	신상리 1075	N36°24′09.26″, E128°14′05.65″	31	三(支) (龜)
53		신상 민묘	신상리 348	N36°24′21.47″, E128°14′39.03″	25	三
54		신상 공설묘지	신상리 산8-1	N36°24′23.82″, E128°14′45.90″	3	三(支)
55		상촌 삼봉산	상촌리 산92	N36°21′37.36″, E128°15′08.96″	52	柶+三
56		용포 당산	용포리 688-1	N36°19′22.10″ E128°11′39.99″	4	穴
57	청리	하초 봉수대	하초리 산51	N36°18′43.33″, E128°05′42.52″	1	穴
58		하초 서산(1)	하초리 산42	N36°18′53.36″, E128°05′37.19″	36	星
59		하초 서산(2)	하초리 산42	N36°18′53.36″, E128°05′37.19″	2	穴
60		하초 서산(3)	하초리 산42	N36°18′53.36″, E128°05′37.19″	6	穴
61		청하 역마	청하리 산61-2	N36°19′42.84″, E128°08′07.87″	4	三(龜)
62		청하 구시골(하)	청하리 산152	N36°19′14.15″, E128°08′18.82″	16	星
63		청하 구시골(중)	청하리 산152	N36°19′14.46″, E128°08′18.60″	28	三

64		청하 구시골(상)	청하리 산152	N36°19′13.73″, E128°08′18.83″	4	穴(龜)
65		덕산 화장바위	덕산리 산12-2	N36°19′54.19″, E128°06′14.62″	2	穴
66		삼괴	삼괴리 439	N36°21′39.39″, E128°06′56.48″	14	三
67		수상 청리교회	수상리 342-1	N36°22′37.24″, E128°07′26.11″	5	穴
68	공성	금계(1)	금계리 117-1	N36°17′46.88″, E128°05′01.00″	62	三(支)
69		금계(2)	금계리 86	N36°17′55.02″, E128°04′51.47″	80	星(支)
70		봉산 골가실	봉산리 560	N36°18′15.73″, E128°03′44.33″	50	三
71		인창 정자	인창리 561	N36°18′45.40″, E128°04′42.70″	16	三
72		이화 정자	이화리 345-4	N36°15′00.50″, E128°16′19.46″	4	穴
73	외남	소은	소은리 434	N36°22′36.26″, E128°06′17.63″	6	穴
74		구서 안령(1)	구서리 890	N36°20′05.45″, E128°04′41.76″	9	三
75		구서 안령(2)	구서리 752	N36°20′01.84″, E128°04′44.68″	8	三(龜)
76	모동	수봉(1)	수봉리 87	N36°17′49.03″, E127°57′10.25″	7	三
77		수봉(2)	수봉리 325-4	N36°17′21.73″, E127°56′48.54″	2	穴(支)
78	화동	어산 돌적골	어산리 458	N36°24′14.18″, E128°00′23.93″	3	性
79	화서	화서 청계골	하송리 412	N36°29′14.55″, E127°57′30.43″	5	穴
80	화북	용유 동천암	용유리 264-4	N36°34′10.62″, E127°55′36.93″	15	穴
81		중벌(용화)	중벌리 650	N36°36′12.78″, E127°49′33.47″	7	三
82		장암(속리산)	장암리 1007	N36°34′16.51″, E127°53′19.41″	5	穴

83	외서	봉강(각골)	봉강리 478	N36°27′52.14″, E127°07′51.14″	3	穴
84		봉강(황바위골)	봉강리 산220	N36°27′41.53″, E127°08′03.27″	2	穴
85	공검	역곡 오봉산(1)	역곡리 산 29	N36°32′15.93″, E128°10′42.88″	214	星
86		역곡 오봉산(2)	역곡리 산 37-1	N36°32′18.65″, E128°10′46.67″	9	三
87		역곡 오봉산(3)	역곡리 산 37-1	N36°32′18.64″, E128°10′46.44″	2	穴
88		역곡 오봉산(4)	역곡리 산 37	N36°32′23.90″, E128°10′37.74″	7	三
89		역곡 오봉산(5)	역곡리 산28	N36°32′11.39″, E128°10′42.73″	2	穴
90	이안	이안 이안천	이안리 493-1	N36°32′45.97″, E128°09′49.56″	1	穴
91		이안 민묘(1)	소암리 415	N36°33′10.62″, E128°09′20.66″	26	三
92		이안 민묘(2)	소암리 453	N36°33′02.66″, E128°09′25.28″	1	穴
93	북문	만산 북천	만산동 744	N36°25′24.25″, E128°08′56.03″	2	穴
94		만산 동제당	만산동 482	N36°26′03.15″, E128°03′05.92″	1	穴
95		만산 자산(외서골)	만산동 산81	N36°25′28.74″, E128°08′44.81″	26	三+穴
96		만산 바깥너추리	만산동 40-11	N36°26′33.66″, E128°09′06.73″	22	三
97		만산(마을회관)	만산동 91-6	N36°26′28.47″, E128°09′14.58″	2	穴
98		만산(장지샘)	만산동 156	N36°26′27.36″, E128°09′15.45″	1	穴(龜)
99		부원 지석묘	부원동 113-1외1	N36°27′30.44″, E128°09′48.29″	6	穴(支)
100		남적(장고개골)	남적동 612-23	N36°27′52.18″, E128°09′06.14″	13	三
101		남적(무문토기산포지)	남적동 산1-2	N36°27′52.39″, E128°09′55.80″	14	穴

102		남적(세천)	남적동 산2-1	N36°27′55.47″, E128°09′49.93″	2	穴
103	계림	계산 와룡산(1)	계산동 88-1	N36°25′43.06″, E128°09′48.43″	18	三
104		계산 와룡산(2)	계산동 88-1	N36°25′43.52″, E128°09′51.16″	1	穴(龜)
105		계산 와룡산(3)	계산동 88-1	N36°25′42.67″, E128°09′51.98″	2	穴
106		계산 와룡산(4)	계산동 88-1	N36°25′43.39″, E128°09′53.03″	1	穴
107		계산 빙고산(5)	계산동 산21-3	N36°25′27.05″, E128°10′23.01″	6	三
108		계산 철교	계산동 523	N36°25′28.61″, E128°10′06.08″	9	三
109		중덕 어덕마을	중덕동 416	N36°27′27.16″, E128°11′03.37″	11	三(支)
110		낙상 소암골	낙상동 산1	N36°27′30.30″, E128°11′57.19″	1	穴
111		낙상 성문지골	낙상동 산95	N36°26′33.07″, E128°12′30.69″	5	穴(龜)
112		화산 안테방산	화산동 606-5	N36°26′04.88″, E128°15′41.05″	14	穴(龜)
113		화산(1)	화산동 산7-7	N36°26′12.13″, E128°10′06.51″	2	性
114		화산(2)	화산동 산7-7	N36°26′05.40″, E128°10′07.06″	2	穴
115		화산(제공골)	화산동 1047	N36°26′05.40″, E128°10′07.06″	8	三
116	동문	복용 유적발굴지	인봉동 10	N36°25′07.22″, E128°09′54.54″	5	星
117		서성 비석군(이인하)	서성동 163-48	N36°25′00.12′, E128°09′43.76″	28	穴(龜)
118		서성 비석군(서흥보)	서성동 163-48	N36°25′00.12′, E128°09′43.76″	4	穴
119		서성 비석군(박제인)	서성동 163-48	N36°25′00.12′, E128°09′43.76″	1	穴(龜)
120		복용 당간지주	복용동 207-2	N36°25′02.16″, E128°10′28.79″	1	穴

121		도남 도남서원	도남동 산39	N36°26′24.29″, E128°15′15.48″	1	穴
122		외답 북망단	외답동 549-3	N36°25′19.15″, E128°12′10.58″	3	三(支)
123		화개 SJ레미콘	화개동 95	N36°24′56.41″, E128°11′09.52″	1	穴
124		외답 관음정사	외답동 140	N36°24′47.86″, E128°12′00.53″	1	穴
125	남원	연원 수석정(1)	연원동 855-1	N36°25′01.49″, E128°08′07.37″	5	穴
126		연원 수석정(2)	연원동 855-1	N36°25′02.29″, E128°08′08.33″	1	穴
127		연원 신장상	연원동 825-1	N36°24′56.53″, E128°08′35.11″	1	三
계					2,123	

※ 주(성격)
1차 분류: 星(별자리) 11, 三(삼태성) 42, 性(성기) 6, 柶(윷판) 5, 穴(기타) 61, 혼합 2
2차 분류: 支(지석묘) 10, 龜(거북형) 17

[바위구멍 유적 현황]

조사 결과를 개괄적으로 보면 바위구멍이 조성된 위치는 산(山)을 기준으로 크게 나누어 고녕가야 지역이었던 함창 '오봉산', 사벌국 지역의 '성안산', 청효현 지역이었던 청리, 공성, 외남면 경계에 있는 '서산' 일대에는 여러 개 바위에 집단으로 나타난다. 이러한 집단 조성지의 주변에는 산성과 고분군이 산재하여 있는 것으로 보아 오래전부터 사람이 정착한 주거지 등 생활의 근거지였기 때문에 집단으로 나타나는 것으로 보인다. 이외의 유적은 1~3개의 바위에 조성되었거나 독립된 바위에 조성되었다.

조사된 바위구멍 유적을 구멍 조성 형태에 따라 별자리형(星穴), 별자리 중에서도 가장 많이 나타나는 삼태성형(三台星形), 윷판형(柶圖形), 별자리와 다른 형태의 혼합형(混合形), 남녀 성기의 모방형(性穴)로 분류하고, 기타는 구멍(穴)으로 분류하였다.[11]

---

11 삼태성형, 윷판형은 모두 별자리형(星穴)이나 위치, 특성을 설명하기 위하여 별도로 분류했다.

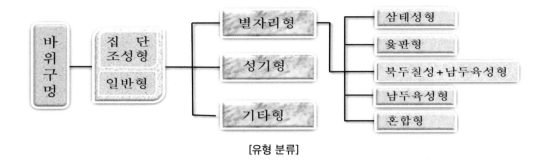

[유형 분류]

기존 연구에서 지석묘로 조사된 바위에 구멍이 조성된 것은 현황에 별도로 표기를 했다. 분류된 유적의 조성 위치와 형태에 따라 대표적인 유적을 소개하고, 나머지 유적은 개별 현황을 참고하기 바란다.

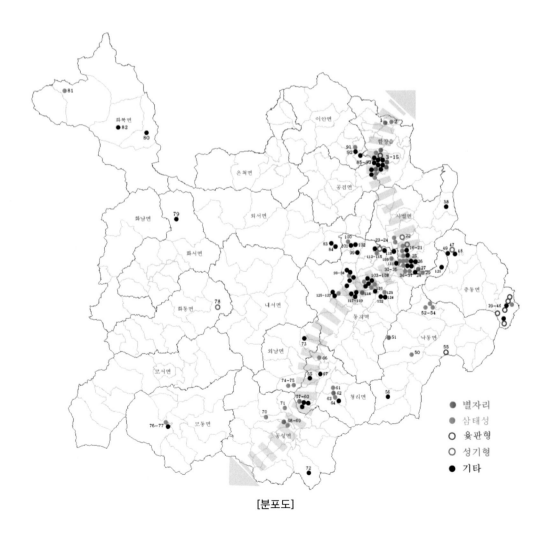

[분포도]

제3장

상주지역의 바위구멍 유적

바위구멍 유적의 분포는 오봉산과 서산을 중심으로 많이 조성되었다. 조성 위치는 대부분 강이나 하천을 앞에 두고 개방된 들판이 전망되는 곳으로, 조성 규모도 구멍의 개수가 바위 1개에서 200개가 넘는 등 다양하고, 형태와 방법도 여러 가지로 나타난다. 이 글에서는 산을 중심으로 정리하고, 기타의 유적은 행정과 법정 이동 등으로 구획된 구역에 따라 소개하도록 한다.

제1절

오봉산
(함창읍, 공검면, 이안면)

1. 함창 신흥리(고분군)

　　함창읍 신흥리는 용골마을로서 원래 함창군 동면, 남면, 수하면의 경계 지역이며, 검은리 (劍隱里), 탑동(塔洞), 저곡리(猪谷里), 수하면 중촌리(中村里)가 있었고, 가재골 아래에 새로 마을 이 생겨 새마, 신흥리(新興里)라고 하였는데 1914년 행정구역을 통폐합할 때 탑동, 저곡리, 검 은리와 중촌리 일부를 병합하여 신흥리라고 했다.[12] 골짜기는 함창 쪽에 안생원골, 탑골, 가 재골, 봉우재골, 꽃들골, 용곡, 공검 쪽에는 역곡(심실), 성골, 성넘어골이 있으며, 봉우재를 넘 는 역곡아래담길과 용곡로를 통해 왕래한다.

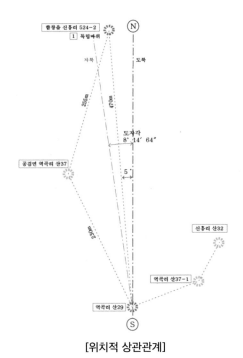

[위치적 상관관계]

12　한국지명총람, 상주편, 한글학회, 1992, 271쪽, 趙智唯七, 新舊對照 朝鮮全道府郡面里洞名稱一覽, 關西大學校, 542쪽

바위구멍은 함창의 '아랫돌질'인 가재골과 공검의 성골에 있다. 지형은 오봉산(240.4m) 무지봉 정상에서 이안천을 따라 내려온 산자락 해발 80~90m에 형성된 가재골 북쪽 비탈면 감나무밭에 있다. 무지봉에서는 기우제를 지냈다고 한다.[13]

오봉산에 있는 바위구멍은 직선거리로 이곳과 정상 남동쪽에 있는 공검면 역곡리 29번지와는 470m, 능선에 있는 역곡리 산37번지와는 255m가 떨어져 삼각형을 이루고 있다. 신흥리 541-2번지와 역곡리 산29번지는 두 바위의 위치 방향이 자북(磁北)에 의한 정남북 일직선 방향에 유사하게 위치한다.[14]

오봉산 동북에서 서북쪽 신흥리 일대에는 삼국시대의 '함창 오봉산 고분군'이 있고 지방 문화재 기념물로 지정되어 있다. 국도 3호선 확장공사에 따라 도로 구역에 편입된 지역에 대해 1997년 발굴조사 결과 삼국시대에서 조선시대에 이르는 458기의 고분이 확인되었는데 이 중에서 삼국시대 고분은 토광묘 95, 석곽묘 85, 옹관묘 35, 석실묘 7기 등 총 222기가 발굴조사되었다.[15]

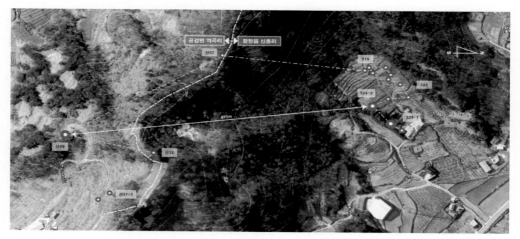

[개황도]

그 이후 2019년 문화재 지정구역을 포함한 공검면 역곡리와 이안면 이안리 오봉산 일대의 고분을 정밀지표 조사한 결과 618기의 삼국시대 고분이 확인되었다. 이러한 고고학 조사 결

---

13 앞의 책, 272쪽

14 상주 도자각 8°14′64″(2019년 기준)

15 韓國文化財保護財團, 尙州 新興里 古墳群, 1998

과에 따르면 오봉산 일대는 840기 이상의 고분이 조성되었던 곳이다. 특히 신홍리 바위구멍 유적 오른쪽 능선에는 이 일대에서 규모가 가장 큰 지름 20m 내외의 고분이 능선을 따라 조성되었다.[16] 바위의 암질은 대부분 화강암과 편마암이며, 이 대형 바위구멍 유적은 대형 고분 조성 세력과 연관성이 있을 가능성이 크다.

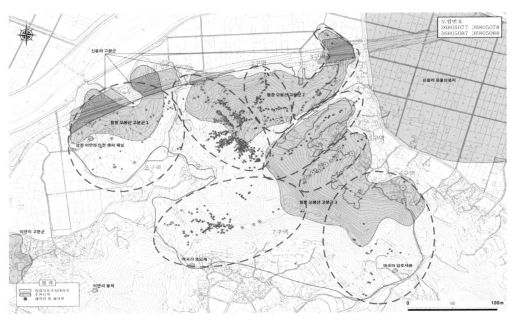

[함창 오봉산고분군 지형도 및 유적(고분) 배치(S=1:7,000). 홍익문화재연구원 자료]

또한, '함창현읍지(咸昌邑縣誌)'에는 오봉산에 냉천과 기우단이 있었다고 했으며,[17] 구멍 바위가 있는 위치는 문화재 구역 밖 현상변경 허가 기준 1구역(원지형 보존)에 해당한다. 이곳 1913년 지적도에 표기된 지형을 보면 산 정상에서 아래로 내려오면서 동쪽에는 깊게 팬 계곡이 길게 형성되어 있고, 이 바위구멍 유적과는 대나무 숲으로 경계를 이루고 있다. 이와 유사 지형은 상주시 계산동의 사례에서 찾아볼 수 있는데 그곳에서는 속수곡(俗邃谷)이라 불렸고,[18] 용혈(龍穴)이라고도 하며, 날이 가물면 이곳에서 기우제를 지냈다고 한다.[19]

---

16 홍익문화재연구원, 고녕가야 유적 학술조사 보고서(함창 오봉산 고분군 및 남산고성 학술 정밀지표조사, 학술조사보고 제 19-01집, 2019, 43쪽)

17 五峯山, 在懸南七里自黃嶺山後三嶺而來將雨則雲霧興上有冷泉有祈雨壇, 咸昌縣邑誌(山川條), 發行年代 未詳

18 朝鮮地誌資料, 1914

19 한국지명총람, 상주편, 한글학회, 1992

바위구멍 유적은 신흥리 524-1, 524-2, 519, 522번지에 산재해 있다. 전체 6개의 바위에 289개의 구멍이 조성되어 있는데 가장 많은 구멍이 있는 524-2번지 [1] 바위 유적을 중심으로 북동쪽으로 좌측 바위에 9곳, 우측 바위 2곳에 띠 모양의 군(群)으로 조성되어 있다. 바위 간의 거리는 중심의 [1] 바위를 기준으로 반경 70m 이내에 분포되어 있으며, 조성 바위 사이의 거리는 [1]과 [2]는 40m, [2]와 [3]은 20m, [1]과 [4]는 24m, [4]와 [5]는 30m, [5]와 [6]은 27m, [6]과 [7]은 18m, [7]과 [8]은 7m, [8]과 [9]는 13m, [9]와 [10]은 20m, [10]과 [11]은 10m, [11]과 [12]는 8m 간격으로 조밀하게 조성되었다. 원래의 위치에서 이동이 있었던 것으로 보이는 바위는 [4]와 [6] 바위이다.

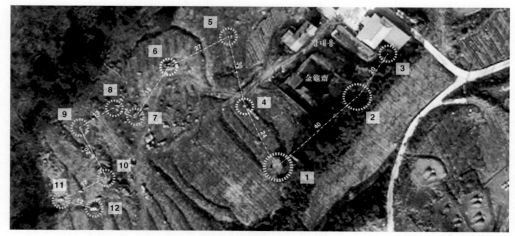

[현황도]

조성된 구멍의 형상은 상주의 다른 지역과는 달리 큰 구멍은 지름 20㎝, 깊이 20㎝ 내외의 대형 구멍이 많은 것과 오봉산 능선을 기준으로 남북 대칭으로 조성된 것이 특징이다.

이와 같은 유형은 윤직리 두산(머리뫼), 이안면 소암리에서도 나타난다. 구멍의 지름이 크게 조성되는 것은 오봉산 일대의 암질에 자연적으로 생긴 구멍이 많고, 이 구멍을 적극적으로 활용한 결과로 보인다. 이 유적은 선행 연구 조사에서 암혈(岩穴)이라 통칭하고, 금속도구 미사용 및 지석묘 상석 등의 유적과 비교한 고고학적 맥락에서 청동기시대 유적으로 유추했다.[20] 유적별 형상을 보면 다음과 같다.

20 세종문화재연구원, 상주 오봉산 암혈(岩穴) 유적 문화재 정밀지표조사 결과 보고서, 상주시, 2021, 57쪽

(1) 독립 바위 ①

신흥리 524-2번지(N36°32′32.01″, E128°10′41.15″)에 위치한다. 바위 크기는 길이 7.4m, 폭 4.6m, 높이는 노출된 부분이 2.5~1.2m 정도로서 북쪽은 좁고 남쪽은 넓으며, 상단부는 동서로 경사지게 평평하다. 바위구멍이 집중적으로 새겨진 부분은 상단부 중앙부에 남북 방향으로 가로 5.4m, 세로 2.1~2.3m이다. 큰 구멍은 지름 26㎝, 깊이는 15㎝로서 1개 구멍을 포함하여 전체 128개군(群)으로 조성되었다. 연결된 구멍은 47개군(群) 143개 구멍으로 전체 구멍 수는 224개이다.

㉮ 지명으로 본 조성 의도

조성 형태는 바위 상단부 중앙에 길이 방향으로 길게 조성됐는데 군(群) 내의 조성 형상은 중앙부에는 조밀하고 가장자리 쪽에는 일부 튀어나오게 조성되었다. 전체적인 형상은 어떠한 물형(物形)을 의도하고 새겨진 것은 아닌 것으로 보인다. 그러나 「함창현읍지」의 기록에는 오봉산에 기우단이 있었다는 것을 볼 때 이 바위도 같은 용도로 사용된 것으로 추측된다. 또한, 전체 형상이 물형은 의도한 것은 아니나 길이 방향으로 볼 때 길게 줄지어 있는 모습이 상상의 동물인 용(龍)을 연상하게 하고 있다. 이 마을의 지명도 용골(龍谷)이며, 바위 옆 신흥리 528번지(田)를 따라 산 정상에서 아래 방향으로 길게 패인 형상이 용(龍)을 연상하게 한다. 따라서 용의 형상을 대상으로 바위구멍으로 만들어 놓고 비를 기원하는 기우단의 용도로 조성한 것이 아닐까 생각된다. 이곳의 조성 형상은 남쪽 공검면 역곡리 오봉산 정상과 아래에 있는 바위구멍과 크기 및 조성 형태가 유사하다.

이곳은 '돗질', '돌질'이라는 지명으로 불렸는데 한자 지명이 되면서 저곡리(猪谷里)라고 했다.[21] 바위의 전체 외형과 구멍 조성 형상을 보면 돼지가 연상되기도 하는데 이러한 형태에 의해 이곳에 '돗질'이란 지명이 만들어졌을 것으로도 추측해 볼 수 있다.

---

21 한글학회, 한국지명총람 5(경북편 II), 2001, 272쪽, 울산 남구 여천동(呂川洞)의 '돗질'을 저내포(猪內浦)라 하였고(울산광역시 남구문화원, 울산남구지명사, 2009, 523쪽), '돗'은 돼지의 옛말, '질(찔)'은 울산지방에서 머리를 뜻하는 방언이라고 한다.

[전경]

[상세 ①]　　　　　[상세 ②]　　　　　[상세 ③]　　　　　[상세 ④]

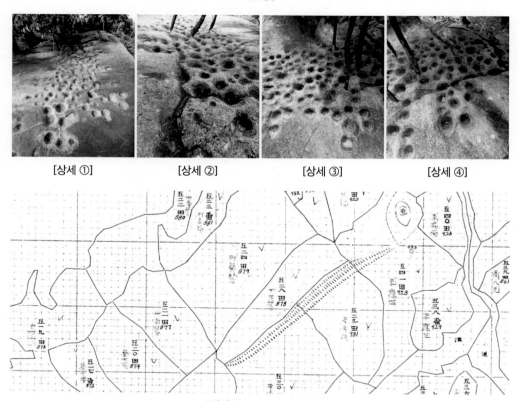

[지적도(1913년 7월 측량)]

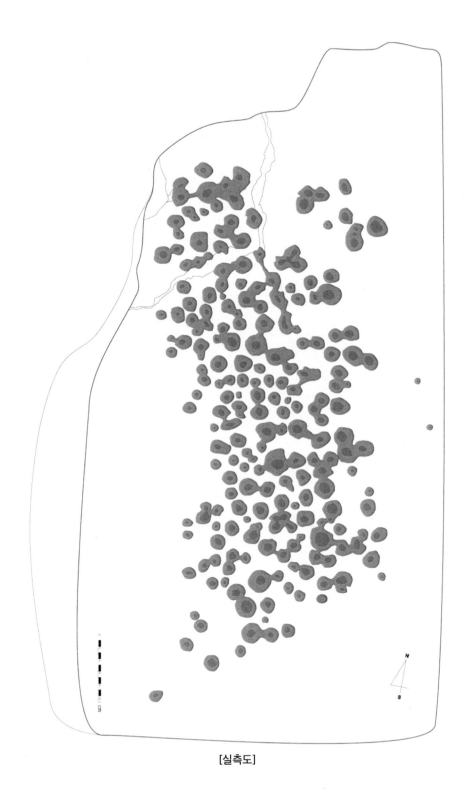

[실측도]

㉱ 구멍 형상으로 본 조성 의도

구멍의 형상을 살펴보면 구멍 개수는 전체 224개로서 북쪽 10개, 동쪽 2개, 남쪽 1개를 제외하면 모두 중앙부에 밀집하여 조성했으며, 구멍 사이의 간격도 좁다. 바위의 표면 형상도 전체적으로는 동쪽에서 서쪽으로 기울어져 있으나 가운데가 낮아 눈비가 내리면 물이 고여 있을 수 있는 상황이며, 구멍의 표면에도 물이 고여 있었던 흔적이 확인된다. 즉, 바위구멍에 물이 고여 있어 항상 습기가 많고 겨울철에 구멍 주위에 얼음의 동결과 해동이 오랫동안 지속되어 바위 입자가 쉽게 분리될 수 있는 등 풍화작용이 빠르게 진행될 수 있는 환경이다.

이러한 풍화작용 현상에 의한 바위구멍 주변 변화는 구멍과 구멍 사이가 자연적으로 연결된 형상으로 나타나고, 풍화작용에 의해 구멍이 연결된 지금의 형상이 된 것으로 생각된다. 이러한 추측은 연결되는 부위의 표면이 거칠고, 연마의 흔적 등 인공적인 요소를 찾아볼 수 없기 때문이다.

따라서 바위구멍 조성 의도의 추측은 풍화작용에 의해 박리된 구멍 주위 연결 부분을 제외하고, 처음 조성하였던 바위구멍을 바탕으로 의도를 검토해 볼 필요성이 있다. 구멍 주위의 연결 부분을 제외한 그림으로 224개 구멍의 모양이다.

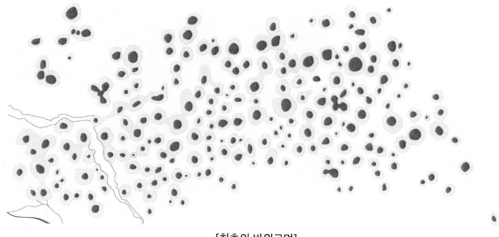

[최초의 바위구멍]

이 그림은 연결된 구멍을 선으로 연결한 것이다. 이러한 분석은 각각의 구멍이 연결된 부분이 인공이 아닌 풍화작용으로 단정한다면 의미는 없어진다. 개별 구멍군을 검토해 본다면 1개 단독 구멍이 81개, 2개군. 23개, 3개군. 16개, 4개군. 4개, 5개, 7개, 9개, 12개군이 각각

1개이다. 이러한 2~12개 구멍군(群)은 전체 구멍 수의 64%를 차지하고 있으나 각각의 구멍군 자체에서는 뚜렷한 형상이 나타나지 않고 있다. 이 분석에서 의도하고 있는 형상이 나타나지 않는다는 것은 구멍과 구멍이 가깝게 있고, 구멍 사이 부분에서 풍화작용이 빠르게 진행되어 자연스럽게 형성된 현상에 신뢰성을 더하고 있다.

[상단부 구멍의 연속성]

이 그림은 구멍과 구멍이 연결된 부분을 배제하여 없는 것으로 가정하여 구멍이 연속되게 원호의 선형으로 연결되어 나타나는 형상에 따라 선으로 연결한 것이다. 이러한 검토는 원호의 형상으로 구멍을 조성한 것이 독립 바위 ⑨, ⑩에서 단독 형상으로 나타나고 있기 때문이다. 전체 10개 정도가 원과 원호의 형상으로 구멍이 이어지는데 어떠한 형상을 의도하는지 형상을 판단하기는 어렵다. 다만, 원의 형상으로 이어지는 것으로 보아 윷판과 유사한 형상으로 시작하다가 시간이 흐르면서 여러 개가 중첩되어 조성됨에 따라 복잡한 형상으로 변형된 것으로 보인다.

[하단부 구멍의 연속성]

(2) 암반 바위 ②

신흥리 524-1번지(N36°32′33.12″, E128°10′42.29″)에 위치한다. 김씨 재실(金龜齋) 동쪽에 돌출된 암반인데 독립 바위 ①에서 산 아래쪽으로 40m 정도의 거리에 있다. 바위는 탕건 모양의 3층으로 아래부터 점차 높아지는 층의 가운데에 조성되었다. 구멍은 큰 것이 지름 27㎝, 깊이는 20㎝ 정도이다. 분포는 27개가 집중되어 있고, 아래쪽에 1개가 있어 전체 구멍 수는 28개이다.

[전경]

[상세]

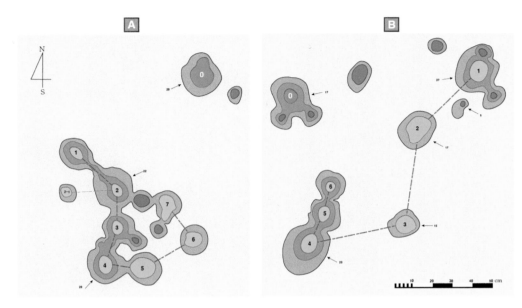

[실측도]

위쪽에 조성된 27개의 구멍을 현황도와 같이 Ⓐ 13개, Ⓑ 14개로 분리해서 비교해보면 큰 구멍은 Ⓐ 8개, Ⓑ 7개가 서로 대칭을 이루고 있는 모양으로서 북극성을 중심으로 한 별자리를 표현한 것으로 보인다. 즉 Ⓐ는 북두칠성(北斗七星), Ⓑ는 남두육성(南斗六星) 별자리 형상과 유사하다.

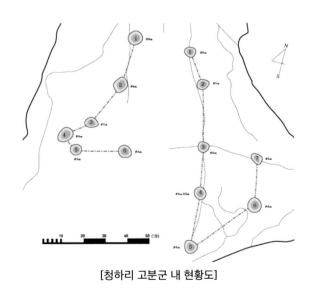

[청하리 고분군 내 현황도]

상주 관내 이와 유사한 바위구멍 유적은 청리면 청하리 고분군에서도 나타나는데 북쪽을 향해 좌측에 6개, 우측에 7개의 구멍을 서로 대칭되도록 조성했다. 구멍의 크기는 8㎝ 이하로서 크지 않으며, 주변에는 2개의 바위에 구멍을 조성했다.

이처럼 북두칠성과 남두육성이 함께 나타나는 별자리 형상 사례를 살펴보면 덕흥리 고분, 씨름 무덤, 춤 무덤, 천왕지신총, 삼실총, 장천 1호분, 덕화리 1호분과 2호분, 통구 사신총, 집안 오회분 4호묘 등의 고구려 고분에서 특징적으로 강조되어 나타나고 있다. 특히 평안남도 순천시 북창리의 '천왕지신총'과 중국 길림성 집안시 태왕향 우산촌의 '집안 오회분 4호묘(五盔墳四号墓)'에서는 이 신흥리 바위구멍과 같이 북두칠성과 남두육성이 서로 마주 보는 대칭으로 표현되어 있다.[22]

평안남도 남포시 강서구역의 '덕흥리 고분'에는 무곡성(武曲星) 옆에 보성(輔星)이 표현되어 있는데, Ⓐ의 북두칠성 형태에서 ①과 ② 사이에 있는 ②-1 구멍도 보성을 표현한 것으로 보인다.

한편 해(日)와 달(月)을 중앙에 두고 양옆에 별자리를 표현한 것을 보면 집안시 태왕향 우산촌 삼실총에는 북두칠성과 남두육성을, 집안시 장천묘구 장천 1호분에는 북두칠성(北斗七星)을 대칭으로 배치한 도교적 형상이 나타난다.[23] 이와 같은 형상이 신라에서는 출토지가 알려지지 않은 8세기경 '신라 부부 조각상'[24]에 북두칠성과 남두육성으로 나타난다. 따라서 신흥리 바위구멍 현황도의 Ⓐ, Ⓑ의 Ⓞ은 해(日)와 달(月)을 표현한 것으로 생각된다.

이러한 별자리 표현의 의도는 북두칠성은 죽음, 남두육성은 삶과 장수를 상징하는 것으로 알려져 있다.[25]

---

22 김일권, 고구려 별자리와 신화, ㈜사계절출판사, 2008, 178~188쪽

23 앞의 책, 128쪽

24 '신라 부부 조각상', 국립경주박물관 소장, 출토지와 용도를 알 수 없는 곱돌(蠟石) 납석제의 조각품, 너비 10㎝, 길이 15㎝, 높이 6.5㎝, 머리 옆에는 남자 쪽 6개, 여자 쪽 7개의 작은 원이 새겨져 있다. 제작 시기는 납석제가 만들어지던 8세기경 조각상으로 추정하고 있다.

25 '남두육사(南斗六司)는 인간의 수명을 연장하는 주관부서인데 남두육궁(南斗六宮)을 지칭한다'라고 했다(上淸經, 東晉末, 楊羲, 331~386). 또한 '남두육성은 탄생을 관장(南斗注生)하며, 북두칠성은 죽음을 주관(北斗注死)한다'라고 했다(搜神記, 東晉, 干宝, 4세기경).

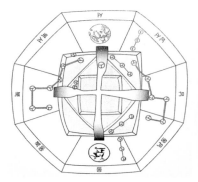

[집안 오회분 4호묘]
(출처: 고구려 별자리와 신화)

[신라 부부 조각상]
(출처: 국립경주박물관)

(3) 독립 바위 ③

신흥리 524-1번지(N36°32′32.65″, E128°10′41.94″)에 위치한다. 독립된 바위로서 암반 바위 ②
의 산 아래쪽으로 20m 정도의 거리로 함창 김씨 재실(金龜齋) 아래쪽에 있다. 바위 정상부 가
운데에 구멍 크기는 지름 20㎝, 깊이는 10㎝ 정도 1개와 작은 구멍 3개, 그 옆에 1개를 조성
했다.

[전경]

[상세 ①]

[상세 ②]

(4) 독립 바위 ④

신흥리 524-2번지(N36°32′32.49″, E128°10′40.59″)에 위치한다. 독립 바위 ① 서쪽으로 24m 정도 밭둑에 위치하며, 이 바위와 함께 계단형 감나무밭의 밭둑에 여러 개 바위가 줄지어 놓여 있는 것을 보면 주변에 흩어져 있던 바위를 감나무 식재를 위해 평탄하게 개간하면서 밭둑으로 옮겨진 것으로 보인다. 구멍 크기는 지름 5~15㎝, 깊이는 6㎝ 이내이다.

[전경]   [상세]

(5) 독립 바위 ⑤

신흥리 522번지(N36°32′33.14″, E128°10′40.52″)에 위치한다. 독립된 바위로서 바위 ④ 북쪽으로 30m 정도 거리로서 북쪽 고분군과 묘도 아래 밭둑 경사지에 있다. 바위 가장자리에 2개를 조성했다. 구멍 크기는 큰 것이 지름 12㎝, 깊이는 5㎝ 정도이고, 나머지 1개는 지름 8㎝이다.

[전경]   [상세]

(6) 독립 바위 ⑥

신흥리 522번지(N36°32′33.23″, E128°10′38.52″)에 위치한다. 삼각형의 독립 바위로서 바위 여러 개가 모여 있는데 밭을 개간하면서 모아 놓은 것 같다. 바위구멍은 모아 놓은 바위 중 가장 큰 바위로서 삼각형의 모서리 높은 부분에 4개를 조성했으며, 독립 바위 ⑤ 서쪽 27m 정도 거리에 있다. 구멍 크기는 지름 8㎝, 깊이는 2㎝ 정도로 작다.

[전경]   [상세]

(7) 독립 바위 ⑦

신흥리 522번지(N36°32′32.75″, E128°10′38.45″)에 위치한다. 독립된 바위로서 바위 ⑥ 남쪽으로 18m 정도 거리의 감나무밭 안에 있다. 바위 정상부 가운데에 8개를 조성했다. 구멍 크기는 큰 것이 지름 13㎝, 깊이는 3㎝ 정도이고, 나머지는 그 이하의 크기이다.

[전경]   [상세]

(8) 독립 바위 ⑧

신흥리 522번지(N36°32′33.09″, E128°10′39.16″)에 위치한다. 길쭉한 형태의 독립된 바위로서 독립 바위 ⑦ 서쪽 7m 정도 거리에 있다. 바위 정상부 가운데에 8개를 조성했다. 구멍 크기는 큰 것이 지름 20㎝, 깊이는 9㎝ 정도이고, 나머지는 그 이하의 규모로서 크기가 작다.

[전경]   [전경]   [상세]

(9) 독립 바위 ⑨

　신흥리 519번지(N36°32′32.52″, E128°10′38.14″)에 위치한다. 가로 1.6m, 세로 1.3m 정도의 장방형 독립된 바위로서 독립 바위 ⑧과는 13m 정도 거리 서쪽에 있다. 바위 가운데에 15개를 조성했다. 큰 구멍이 지름 20㎝, 깊이 8㎝ 정도이고, 나머지는 그 이하의 크기로 지름이 작고, 얕다. 전체 형상은 원호로 이어지는 불완전 타원형이다.

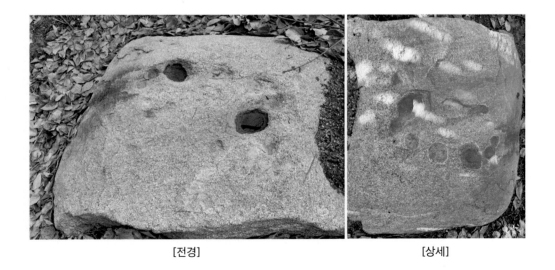

[전경]   [상세]

(10) 독립 바위 ⑩

신흥리 519번지(N36°32′31.79″, E128°10′38.80″)에 위치한다. 아래쪽으로 경사진 독립된 바위로서 바위 ⑨와는 20m 정도 동남쪽에 있다. 전체 구멍 수는 21개로서 아래쪽에는 작은 구멍 8개를 조성하고, 위쪽에는 큰 구멍 13개를 조성했다. 구멍 크기는 지름 4~26㎝, 깊이는 7㎝ 정도이다. 하단부의 구멍은 원호로 이어진다.

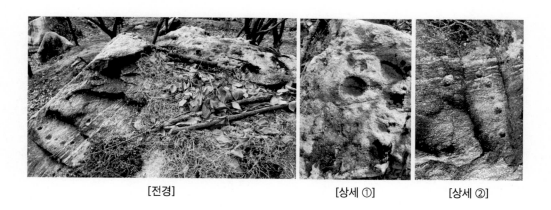

[전경]　　　　　[상세 ①]　　　　　[상세 ②]

(11) 독립 바위 ⑪

신흥리 519번지(N36°32′31.66″, E128°10′39.24″)에 위치한다. 삼각형의 독립된 바위로서 ⑩ 바위에서 17m 정도 서남쪽에 있다. 바위의 측면이 잘린 형상이며, 전체 구멍은 9개이다. 구멍은 가장자리 쪽에 6개는 선형으로 조성하였으며, 크기는 지름 5~16㎝, 큰 구멍 깊이는 6㎝ 이내이다.

[전경]　　　　　　　　　　　　[상세]

⑿ 독립 바위 ⑫

　신흥리 519번지(N36°32′32.49″, E128°10′40.59″)에 위치한다. 독립된 바위로서 ⑪ 바위에서 12m 정도 동남쪽에 있으며, 구멍 크기는 지름 5㎝이며, 깊이는 2㎝ 이내 구멍 1개를 조성했다.

[전경]　　　　　　　　　　　　[상세]

⑴ 독립 바위 ⑬

 신흥리 산32번지(N36°32′19.24″, E128°10′48.31″)에 위치한다. 신흥리 ① 독립 바위에서 남동쪽으로 380m 지점인 신흥리와 공검면 역곡리 경계인 산 능선에 있다. 독립된 바위 상단부에 2개를 조성했는데 큰 것은 지름 10㎝이며, 깊이는 4㎝이다.

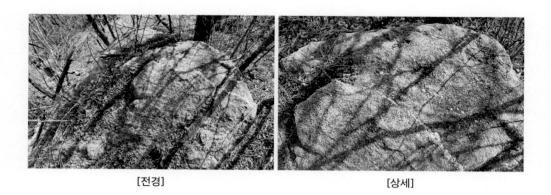

[전경]　　　　　　　　　　　　　　　[상세]

2. 공검 역곡리

(1) 역곡리 마당 방구 ①

　오봉산 정상(240.4m)은 서쪽의 이안면 이안리, 북동쪽의 함창읍 신흥리, 남동쪽의 공검면 역곡리 3개 읍면의 경계가 되는 곳이다. 이곳에서는 공검지와 함창평야가 전망되고 있어 주변 경관이 한눈에 조망되는 곳이며, '남산고성(南山古城)'이 동남쪽에 있고, 봉우재 서쪽이 '마당 방구'다. 바위구멍은 정상에서 남동쪽 485m 지점 해발 172m 성골로서 자연 암반이 솟아난 공검면 역곡리 산 29번지(N36°32′15.93″, E128°10′42.88″)에 위치한다. 동쪽은 20m 이상의 절벽이고, 절벽 상부 넓은 암반 위 암반 돌출부 2곳에 조성되었는데 오봉산 능선 북쪽에 있는 함창읍 신흥리와 유사하며, 직선거리 450m가 떨어져 있다. 조성 형태가 너무 많고 조밀하여 의도된 조성 규칙을 발견하기 어렵다. 산의 정상부로서 함창, 이안, 공검 방향 모두가 전망되고 특히 공검지가 전망되는 곳으로서 천신 등 주술행위 장소로 이용되었을 가능성이 큰 곳이다.

　가장 많은 바위는 남서쪽으로 경사진 상부 길이 11m, 폭 8.5m 바위 면에 길이 10.5m, 폭 2.1m 안에 구멍 크기 6~30㎝, 깊이 20㎝ 이내로서 208개 이상이 조성되었으며, 가장 큰 구멍은 지름이 30×40㎝의 타원형도 있다. 서쪽에 있는 돌출부에는 구멍 크기 10~20㎝, 깊이 10㎝ 이내로 6개가 조성되어 전체적으로 214개 이상이 조성되었다. 2009년경 양봉 등 경작을 위해 주변이 정리되고, 조립식 농막이 세워지면서 바위 주변의 지반 변화가 있었던 것으로 보인다.

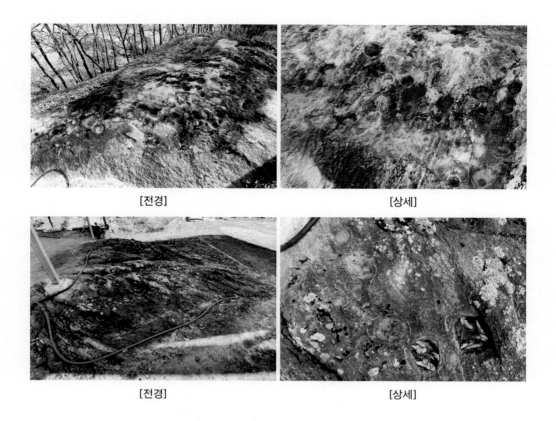

[전경]　　　　　　　　　　　　　　　　　　　[상세]

[전경]　　　　　　　　　　　　　　　　　　　[상세]

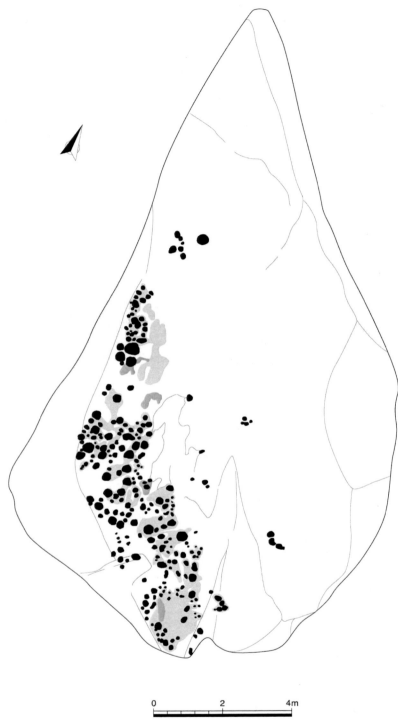

0 2 4m

[실측도: 세종문화재연구원 자료]

(2) 역곡리 아가리 방구 ②

공검 역곡리 ①에서 북동쪽 약 110m 축산 전씨 묘역 아래 자연 암반으로서 공검면 역곡리 산37-1번지(N36°32′18.65″, E128°10′46.67″) 성골에 위치한다. '아가리 방구'라고 하며, 경사진 암반 위쪽에 5개, 아래쪽에 4개로서 전체 9개가 조성되어 있으며, 구멍 크기는 지름 5~12㎝, 깊이 6㎝ 이내이다.

[전경]　　　　　　　　　　[상세 ①]　　　　　　　　　　[상세 ②]

(3) 역곡리 ③

공검 역곡리 ②에서 서북쪽으로 약 20m 지점으로 축산 전씨 묘도 입구 왼쪽에 있는 독립 바위이다. 공검면 역곡리 산37-1번지(N36°32′18.64″, E128°10′46.44″)에 위치하며, 동쪽 모서리 부분에 2개를 조성했다. 구멍 크기는 7~10㎝, 깊이는 2㎝ 이내로서 얕다.

[전경]　　　　　　　　　　　　　　　　[상세]

(4) 역곡리 ④

공검면 역곡리 산37번지(N36°32′23.9″, E128°10′37.74″)로서 오봉산(240.4m) 정상에서 동남쪽으로 뻗은 능선에 위치한다. 주변에는 채석의 흔적이 많으며, 바탕 바위는 한쪽 면이 절단되어 있으며, 절단면 가장자리 쪽에 7개의 구멍이 있다. 이곳은 계곡의 정상으로 역곡리 마을과 옛 공검지가 조망된다. 지름 5~10㎝로서 구멍이 큰 것은 1개, 작은 것은 2~3개를 붙여서 조성했다.

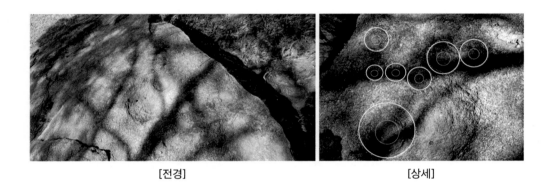

[전경]　　　　　　　　　　　　　　　[상세]

(5) 역곡리 ⑤

공검면 역곡리 산28번지(N36°32′11.39″, E128°10′42.73″)로서 역곡리 마당방구 ①에서 남쪽 산 아래 150m 역곡아래담길 좌측 동수나무 아래에 평평한 바위가 있고 그 위쪽으로 층층이 바위가 쌓여 있다. 동수나무 아래에 제단같이 석축을 쌓은 것으로 보아 안쪽에 마을이 있을 당시 동제단으로 이용되었던 것 같다. 바위구멍은 길옆에 2개가 확인되는데 지름 8㎝, 깊이 2㎝ 이내이다.

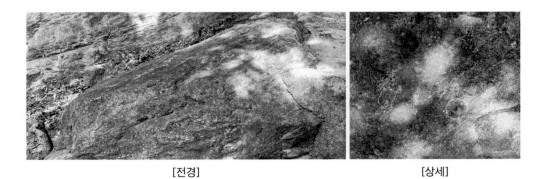

[전경]　　　　　　　　　　　　　　　[상세]

3. 이안 이안리(이안천)

함창읍 신흥리와 이안면 이안리의 경계 지점으로서 이안리 493-1번지(N36°32′45.97″, E128°09′49.56″, 해발 104m) 오봉산 고분군의 북쪽 끝자락으로 이안천과 접하는 부분에 위치한다. 이안천 안 상수도 보호구역에 있으며, 하부에 보(洑)가 설치되어 수시로 물에 잠기는 위치이다.

오봉산의 암반 지대가 이안천과 맞닿아 노출된 평평한 암반으로서 냇물과 접하는 곳에 1개를 조성했다. 크기는 지름 20㎝, 깊이 10㎝이며, 주변에 바위구멍과 유사한 홈이 여러 개가 있으나 인공 흔적은 발견되지 않으며, 물속에 잠긴 암반에 더 있을 수 있으나 냇물 옆에 1개만 있는 것으로 보아 곡식 가공을 했던 구멍으로 추측된다.

[전경]　　　　　　　　　　　　[상세]

4. 이안 소암리

(1) 민묘 ①

이안면 소암리 415번지(N36°33′10.62″, E128°09′20.66″) 해발 96m의 얕은 동산 정상부에 조성된 인천 채씨 묘역 안에 있다. 서쪽으로 기울어진 폭 1.95m, 너비 3.0m의 독립 바위 상부면에 조성했다. 규모는 지름 20㎝ 깊이 7㎝ 1개, 지름 9㎝ 깊이 7㎝ 2개, 지름 17㎝ 깊이 7~8㎝ 2개, 지름 16㎝ 깊이 7㎝ 1개, 지름 14㎝ 이하 20개로서 전체 26개이다. 구멍이 크고, 가장 높은 부분에는 작은 구멍이 조성되어 있으며, 전체적인 형태는 2~3개씩 짝을 이루는 삼태성형이다. 구멍의 크기와 규모가 오봉산 고분군의 구멍 조성 형태와 같다.

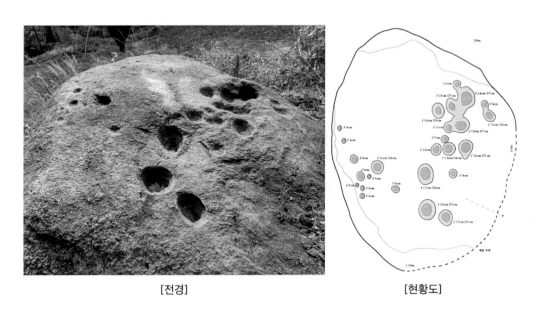

[전경] [현황도]

(2) 민묘 ②

　이안면 소암리 453번지(N36°33′02.66″, E128°09′25.28″) 인천 채씨 묘역 축대 아래에 위치한다. '素巖'과 '自素齋' 암각서가 있는 암벽 상부에 지름 26㎝ 깊이 8㎝의 구멍 1개를 조성했다. 바위는 위에서 볼 때 거북의 형상으로 거북의 몸체 부분에 조성했다. 구멍의 규모가 크고, 오봉산 고분군의 구멍 조성 유형과 같다. 암반 상부 민묘에 석축을 쌓았는데 축대 안에도 여러 개가 있을 것으로 여겨진다.

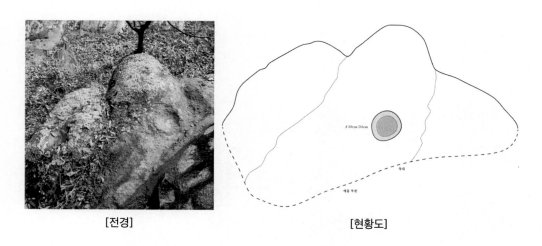

[전경]　　　　　　　　　　　　　　[현황도]

5. 함창 윤직리 두산(머리뫼)

    함창읍 윤직리 338-1번지(N36°34′31.81″, E128°11′56.50″) 머리뫼 정상 해발 107m에 위치한다. 머리뫼는 두산(頭山)의 우리말로서 이곳에 산성이 있었다고 전한다. 산 정상부에 폭 1.7m, 길이 1.8m의 정방형의 바위 위에 7개의 구멍이 확인된다. 큰 구멍은 지름 19㎝, 깊이 9㎝이며, 작은 것은 지름 5~6㎝이다.

[전경]

[상세 ①]

[상세 ②]

[현황도]

6. 함창 윤직리(치마바위)

원래는 함창읍 윤직1리 752번지(N36°34′34″, E128°11′17″) 회나무 밑에 있었는데 도로 확장공사를 하면서 현재는 윤직리 707-4번지(N36°34′28″, E128°11′11″)로 옮겼다. 마을에서 매년 동제를 지내던 곳으로써 이 바위는 항상 솔가지로 덮여 있어 한번도 몸체를 드러낸 적이 없었다. 매년 음력 정월 열나흗날 제관을 선발하여 동제사(洞祭祀)를 지내면서 소나무 가지를 서너 짐 져다가 바위 위에 덮는다. 이때 오래된 솔가지를 걷어내지 않고 덮기만 한다. 이러한 행위는 바위 위에 덮은 솔가지를 들추거나 쑤석거리면 동네 여자들이 바람이 나서 가출한다는 믿음 때문이다. 옆에서 본 모습은 거북의 형상인데 머리 부분에 2개, 목 부분에 2개, 등 부분에 13개로서 전체 17개의 구멍이 확인된다. 등 부분에 13개 구멍은 북두칠성을 2개 연결한 형태이며, 구멍 크기는 지름 4~10㎝, 깊이는 1~4㎝이다.

[전경 ①]　　　　　[전경 ②]　　　　　[상세 ①]

[상세 ②]　　　　　[현황도]

제2절

성안산
(사벌국면)

1. 현황

　사벌국면에서 성안산과 병성천 사이에서 바위구멍이 집중되어 나타난다. 이곳의 지형은 외서면에서 내려온 동천이 병성천과 합수되고, 병성천과 낙동강이 합수된다. 산은 성안산 (170.8m)에서 능선이 동쪽으로 두리봉산(117.1m), 소산(114.5m)과 서쪽으로 낙상산(155.8m)으로 분기되어 병성천에서 멈춘다. 산으로 둘러싸인 안쪽은 병성천의 늪지에 접해 있으며, 아래에 는 북쪽부터 엄암리, 금흔리, 화달리 마을이 조성되어 있다. 이곳은 원삼국시대의 사벌국(沙 伐國) 중심지로 주목되는 지역이며, 조선시대까지 동천 옆 낙상동에는 낙원역이 있었다.

　기존 조사 결과에 따르면 엄암리에는 초기철기 시대의 금흔리 이부곡토성,[26] 원삼국시대의 토광묘 유적, 삼국시대는 화달리 고분군[27]과 병성천 건너 대규모의 병풍산 고분군[28]이 분포 되어 있다. 이러한 유적을 볼 때 초기철기 시대부터 생활 주거지로 이용되었으며, 주변에서는 바위구멍 유적도 산 능선을 따라 나타난다. 바위구멍 유적이 확인되는 곳을 정리해 보면 다 음 현황도와 같다.

---

26 상주박물관, 상주 금흔리 이부곡토성 유적 문화재 학술발굴조사 현장 공개 설명회 자료, 2021. 10. 1.

27 경북문화재연구원, 문화유적분포지도, 2001

28 상주박물관, 병풍산 고분군 지표조사 보고서, 2010

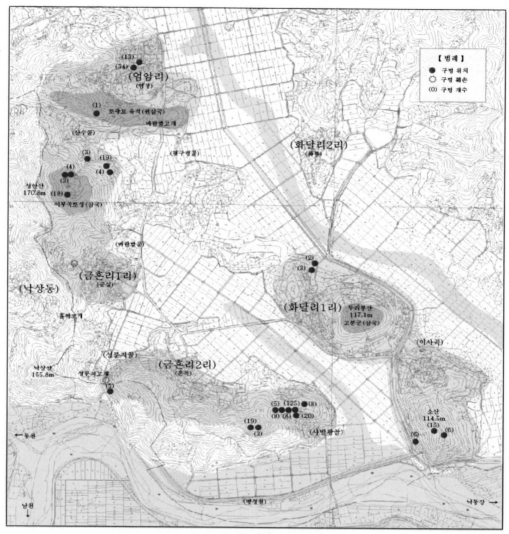

[유적 현황도]

　이 구역 안 엄암리와 금흔리에는 곡식을 가공한 용도로 추측되는 석조물이 발견되는데 다른 지역에서는 발견되지 않는 석조물이다. 이곳에 분포된 사암 계통 석질로서 부정형 석편(石片) 중간을 원형과 타원형으로 움푹하게 파냈다. 특히 하나는 중간 하부에 ϕ16~18㎝의 3개 구멍이 있다. 언제 제작되어 사용되었는지는 알 수 없으나 표면의 마모 정도로 보아 상당히 오랫동안 이용된 돌확(石確)으로 추측된다.

　발견된 석조물은 4개인데 Ⓐ, Ⓑ는 엄암리 846번지(N36°27′34.66″, E128°12′30.79″) 마을 공동

우물 옆에 있다. ⓒ는 금흔리 663번지(N36°26′55.52″, E128°12′28.27″) 도로 옆, ⓓ는 금흔리 387번지(N36°26′40.98″, E128°12′39.86″) 옛 우물터에서 발견되었던 것을 지금은 금흔리 239-9번지 민가에 보관하고 있다.

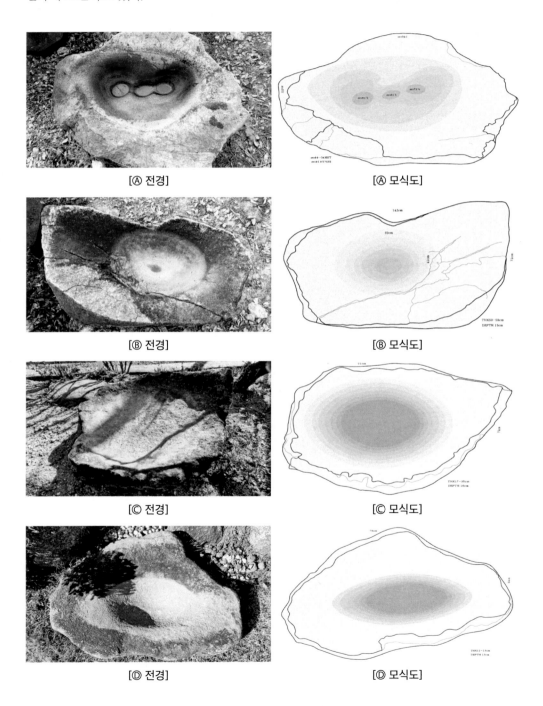

[Ⓐ 전경]

[Ⓐ 모식도]

[Ⓑ 전경]

[Ⓑ 모식도]

[Ⓒ 전경]

[Ⓒ 모식도]

[Ⓓ 전경]

[Ⓓ 모식도]

잔존 크기는 Ⓐ 폭 105㎝, 너비 146㎝, 두께 40~44㎝, 홈 깊이 34㎝, Ⓑ 폭 72㎝, 너비 142㎝, 두께 50~59㎝, 홈 깊이 19㎝, Ⓒ 폭 75㎝, 너비 91㎝, 두께 17~35㎝, 홈 깊이 16㎝, Ⓓ 폭 50㎝, 너비 78㎝, 두께 11~13㎝, 홈 깊이 13㎝이다. Ⓐ, Ⓑ는 근래 마을 주민들이 익모초의 생즙을 만들기도 했다고 한다.[29] Ⓒ, Ⓓ는 용도를 확인할 수 없으며, 마모의 흔적은 Ⓒ는 확인할 수 없고, Ⓓ는 일부가 남아 있다. 모두 우물 옆에 두고 사용했던 것으로 추측된다.

마모된 상태가 Ⓐ와 Ⓒ는 원형, Ⓑ와 Ⓓ는 타원형으로서 사용법이 다른 갈기를 한 것으로 보인다. 주변에는 석질이 유사한 둥근 돌이 2개가 있는데 갈기에 이용되었던 갈돌로 추측되며, Ⓐ의 확 내부 바닥에 생긴 3개의 구멍은 삼태성에 기원하는 의식에서 비롯된 것으로 생각된다.

---

29 마을 주민 85세 남성, 90세 여성은 익모초의 생즙을 내기도 하고, 빨래를 헹굴 때 사용하기도 했다고 한다. 최근에는 도로 밑에 묻혀 있었는데 인근 경작자가 발굴하여 외부에 팔려고 했으나 주민의 저지로 현재의 위치에 보관하고 있다고 한다(2022년 2월 3일 인터뷰).

2. 사벌 엄암리(이부곡토성)

(1) 이부곡토성 안 서쪽

사벌국면 엄암리 산65-1번지(N36°27′13.20″, E128°12′20.73″) 토성 안에 위치한다. 성의 안쪽에는 저수지와 농지가 조성되어 있으며, 성안에서 식수로 사용되었을 우물(井)로 추측되는 용출수가 산지와 농지 경계 사이에 있다. 이 샘에서 산 정상 방향 농로 위쪽에는 넓고 평평한 바위가 자리하고 있는데 이 바위 위에 18개의 구멍이 확인된다. 구멍 조성 형태는 3개씩 4개, 2개씩 2개가 연결되어 나타난다. 이곳은 상주의 역사가 처음 시작된 사벌국 때에 사용되었을 것으로 추측되는 이부곡토성의 성내로서 상주 역사시대 시작의 특별한 의미가 있는 곳이다.

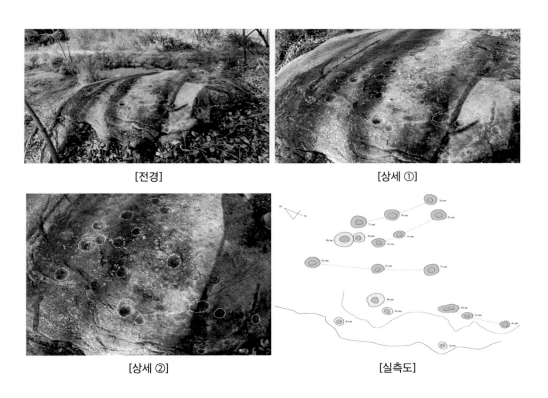

[전경]

[상세 ①]

[상세 ②]

[실측도]

(2) 이부곡토성 안 북쪽 ①

사벌국면 엄암리 산65-1번지(N36°27′14.84″, E128°12′19.64″) 토성 내 북쪽 성벽 아래에 위치한다. 큰 암괴인데 몇 개로 갈라졌다. 구멍은 깊이가 얕고, 전체 3개로서 가장 큰 바위 상단부 면 높은 곳에 지름 5㎝ 1개, 낮은 아래쪽에 지름 4㎝ 2개를 조성했다.

[전경]　　　　　　　　　　　　　　[상세]

(3) 이부곡토성 안 북쪽 ②

사벌국면 엄암리 산65-1번지(N36°27′14.63″, E128°12′19.69″)로서 (2)의 바위에서 남쪽 아래 2m에 위치한다. 구멍은 전체 4개인데 상단부 모서리에 2개, 중앙부에 2개를 조성했다. 크기는 6㎝ 1개, 5㎝ 2개, 4㎝ 1개로서 깊이는 얕다.

[전경]　　　　　　　　　　　　　　[상세]

(4) 이부곡토성 밖 우측

사벌국면 엄암리 산64-4번지(N36°27′19.44″, E128°12′25.77″) 토성 밖 북동쪽 산자락 중턱 진입로 우측에 위치한다. 주위에는 밭으로 조성되어 있고, 밭둑과 밭 안에 큰 바위가 여러 개 흩어져 있는데 이 바위에서만 구멍 3개가 확인된다. 상부 평평한 면에 각각 지름 3㎝, 6㎝, 7㎝ 크기로 조성했는데 구멍의 깊이는 얕다. 2개의 구멍 모양은 아래위로 길쭉한 형태이며, 오른쪽 구멍은 아래위 2개 구멍이 연결된 것이 엄암리 산55번지에 있는 구멍과 조성 형태가 유사하다.

[전경]   [상세]

(5) 이부곡토성 밖 좌측 ①

사벌국면 엄암리 산67번지(N36°27′18.64″, E128°12′30.01″) 토성 밖 진입로 좌측 산자락 끝부분 밭 사이에 위치한다. 주위에는 밭이 조성되어 있고, 산자락이 밭과 밭 사이에 길게 내려와 있는데 큰 바위 2개와 작은 바위 여러 개가 흩어져 있다. 바위구멍은 큰 바위 2개 중에서 아래 바위에 있는데 북쪽의 개방된 들판을 향해 가장자리를 따라 19개를 조성했다. 크기는 3~8㎝이며, 큰 구멍의 깊이는 2㎝로서 비교적 얕다.

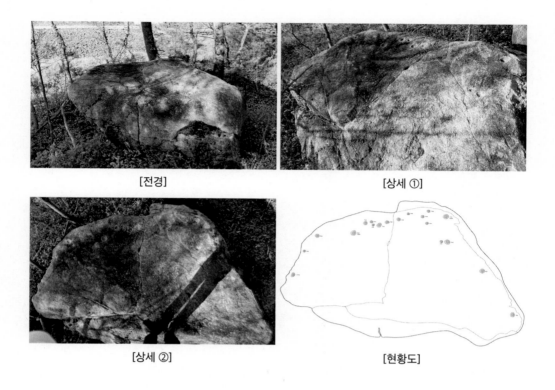

[전경]　　　　　　　　　　　　　[상세 ①]

[상세 ②]　　　　　　　　　　　　　[현황도]

(6) 이부곡토성 밖 좌측 ②

　사벌국면 엄암리 산67번지(N36°27′18.99″, E128°12′30.38″)로서 (5) 이부곡토성 밖 좌측 ①에서 산 아래 방향으로 2m 위치에 있다. 바위의 모양이 앞의 넓은 들판으로 나가는 거북의 형상인데 등 부분의 상부면에 4개의 구멍을 조성했다. 크기는 각각 지름 5㎝, 6㎝, 7㎝, 8㎝이며, 8㎝ 구멍의 깊이는 3㎝이다.

[전경]　　　　　　　　　　　　　[상세]

3. 사벌 엄암리

(1) 토광묘 유적지

사벌국면 엄암리 산55번지(N36°27′28.72″, E128°12′25.06″) 유물 산포지 내 엄정(嚴井) 마을 남쪽 능선에 위치한다. 성안산 이부곡토성의 북동쪽으로서 토광묘 유적이 있는 곳이다. 이곳에는 성안산 북쪽과 북동쪽으로 따라 내려온 능선에 공동묘지가 조성되어 있는데 충의로가 그 사이로 통과한다. 이 도로가 통과하는 고개를 '바람발 고개'라고 하며, 이 지명은 산에 장수 발자국과 버선 모양의 '바람 바위(風巖)'[30]이 있어 붙은 지명으로 보인다. 이 구멍 바위가 '바람 바위'로 보이며, '성안산'에서 동쪽 '병성천'까지 이어지는 능선에 조성된 첫 번째 바위구멍군이다. 바탕석은 각 면이 모두 절단된 형태이며, 윗면 중앙부에 지름 약 5~8㎝의 구멍 2개가 확인되는데 모양이 특이하다. 하나는 일반적인 구멍과 같이 원형이나 다른 하나는 원형 구멍에 붙여서 길게 파내어 길쭉한 모양을 만들었다. 남녀의 성기(性器)를 표현한 듯한 형상이다.

 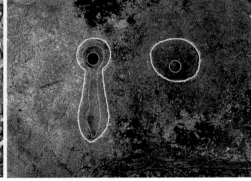

[전경]   [상세]

---

30 조희열, 상주지명총람, 2002, 722쪽

(2) 민묘

엄정(嚴井) 마을 중앙에 엄암3길(862번지)을 사이에 두고 양쪽에 민가 옆과 묘역 안에 바위가 있다. 위치는 사벌국면 엄암리 563번지(N36°27′38.35″, E128°12′35.98″)로서 묘지 좌측에 폭 1.3m, 너비 1.7m의 바위와 그 옆에 폭 0.37m, 너비 0.63m의 바위가 제단같이 있다. 큰 바위는 서북쪽으로 경사졌고, 경사 부분 가장 높은 곳에 구멍을 조성했다. 규모는 지름 10㎝, 깊이 2㎝ 1개, 지름 8㎝ 1개와 3~4㎝ 11개로 전체 13개의 구멍을 조성했다. 구멍 깊이가 얕으며, 큰 구멍을 중심으로 바위의 가장자리에 2~3개로 짝이 지어지는 삼태성형이다.

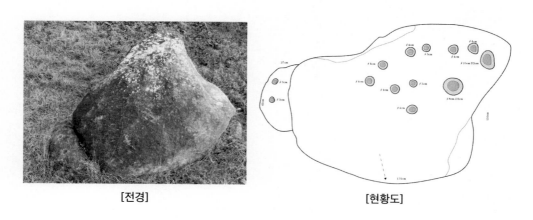

[전경]　　　　　　　　　　　　　　　[현황도]

(3) 민가

(2) 민묘의 서쪽 민가(598번지) 옆에 있는 바위이다. 사벌국면 엄암리 862번지(N36°27′37.95″, E128°12′36.10″) 도로 위에 있으며, 2개의 바위에 조성했는데 1개는 도로 옆에 높게 노출되어 있고, 1개는 건물 밑에 기초로 이용되고 있다. 노출된 바위는 폭 1.27m, 너비 1.86m의 둥글넓적한 형태이며, 매몰된 바위는 노출된 부위가 폭 0.59m, 너비 1.1m이다. 규모는 지름 14㎝, 깊이 2㎝ 1개, 지름 13㎝ 깊이 2㎝ 1개, 지름 10㎝ 깊이 3㎝ 1개, 지름 7㎝ 3개, 6㎝ 4개, 4㎝ 이하 24개로서 전체 34개이다. 큰 구멍은 중심부에 작은 구멍은 가장자리 쪽으로 2~3개씩 짝을 이루는 삼태성형이다.

[전경]　　　　　　　　　　　　　[현황도]

4. 사벌 화달리

(1) 달천 암반 ①

사벌국면 화달리 292번지(N36°26′58.79″, E128°13′17.61″)의 둔진산(116.8m) 서북쪽에 있는 달천(達川) 마을 입구에 있다. 성안산(170.8m)에서 동쪽으로 따라 내려온 낮은 산자락으로서 주위에 크고 작은 여러 바윗덩어리가 산재해 있는데 그중에서 가장 큰 바위군에 있다. 성안산에서 동쪽 병성천까지의 능선을 따라 조성된 2번째 바위구멍군이다. 바탕 바위는 화강암으로서 여러 개로 갈라져 있는데 상부에 구멍 지름 7㎝, 깊이 3㎝ 1개와 5㎝의 구멍 1개가 확인된다. 이 바위에서는 동쪽에 있는 삼덕천과 들판이 한눈에 조망된다.

[전경]

[상세]

(2) 달천 암반 ②

사벌국면 화달리 292번지(N36°6′58.25″, E128°13′17.25″)로서 (1)에서 남쪽으로 약 16m 위치에 노출된 삼각형의 암반에 있다. 구멍은 전체 3개인데 높은 곳에 지름 8㎝, 깊이 3㎝ 1개, 상부 좌측에 지름 3㎝ 1개, 앞쪽 수직면에 지름 4㎝ 1개를 조성했다.

| [전경] | [상세] |

(3) 이사곡 암반

성안산(170.8m)에서 동쪽으로 따라 내려온 낮은 산자락의 끝부분으로 병성천과 맞닿는다. 성안산에서 시작되는 바위구멍의 마지막 바위구멍군이다. 사벌국면 화달리 산48-2번지(N36° 26′27.58″, E128°13′43.88″, EL 110m)로서 이사곡 마을 뒷산 정상에 위치한다. 산 정상부는 사암 계통의 암반으로 구성되어 있고, 민묘가 조성되어 있는데 구멍은 남서쪽 바위 아래 병성천과 상주 시내 일대 들판이 조망되는 암반이 돌출된 바위 윗면에 조성했다. 바위의 형상은 거북의 모양으로 머리와 목 부분에 구멍이 집중되어 있다.

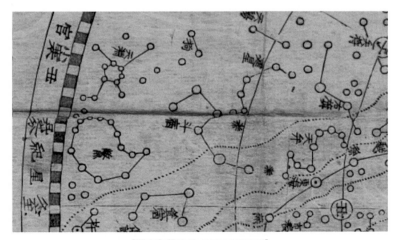

[渾天全圖(출처: 국립민속박물관)]

묘역 남동쪽 좁은 통로를 통해 들어가는 이곳에는 지름 3~8㎝의 바위구멍 15개를 조성했는데 가장 큰 것은 지름 8㎝, 깊이 5㎝이며, 가운데 성혈 2개는 서로 이어 놓았다. 가장 큰 좌측의 바위구멍은 수직 깊이가 깊다. 바위는 사암계로서 표면이 거칠고 구성 입자가 커서 쉽게 발견될 수 없는 여건이다. 구성 형태는 큰 구멍과 2개 구멍의 이음 등 하나의 특별한 어떤 의미를 부여하여 조성한 것이다.

구멍의 조성 의도를 추측해 보면, 이 구멍 배치 형태를 기존의 연구에서는 북두칠성으로 보고 있는데[31] 필자가 별자리로 추측해본다면 남두육성(南斗六星)과 유사하다. 왜냐하면 아래 그림과 같이 상부에 은하수 같은 형상의 홈 흔적이 있고, 구멍은 다른 구멍과 구분하기 위해 우측에서 2번째 구멍과 3번째 구멍을 홈으로 연결하여 구분해 놓았기 때문이다. 즉, 위쪽 2개와 아래쪽 3개 구멍은 연관성이 없다는 의미이다.

남두육성은 서양의 궁수자리로서 장수(長壽)를 주관하는 별로 전해지며, 북두칠성의 모양을 닮은 데서 이름이 유래한다. 또한, 생명의 탄생과 관련된 삼신할미와도 관련이 있다. 별자리의 형상은 음력 4월의 입하 시기의 별자리 형상으로 한해 농사의 풍년을 기원하는 의미이며, 좌측의 큰 홈은 해(日) 또는 달(月)의 표현으로서 이 구멍에 축원의 행위를 하여 현재의 형상이 만들어졌던 것이 아닌가 생각된다. 이와 같은 남두육성 별자리 성혈(星穴)은 2018년 12월 18일 함안 아라가야 말이산 고분[32]과 2019년 12월 20일 경남 고성 학남산 학선대(鶴仙臺)[33]에서 발견된 바 있다.

지금도 성혈 바위 뒤쪽의 바위 위에는 포대 화상(布袋 和尙)의 작은 동상이 놓여 있는 것으로 보아 누군가의 축원 장소로 이용되고 있음을 엿볼 수 있다.

31 상주박물관, 사벌국 관련 문화유적 학술 지표조사 보고서(상주박물관 학술연구총서 9), 2012, 79쪽

32 문화재청 보도자료, 함안 가야 문화권 주요 발굴성과 공개(함안 말이산 고분의 돌덧널에 별자리 새겨진 덮개돌 최초 발견, 2018. 12. 18. 발굴 현장 설명회)

33 경남신문, 2019. 12. 29. 기사, 「고성 학남산에서 가야시대 추정 남두육성 바위 발견 '관심'」

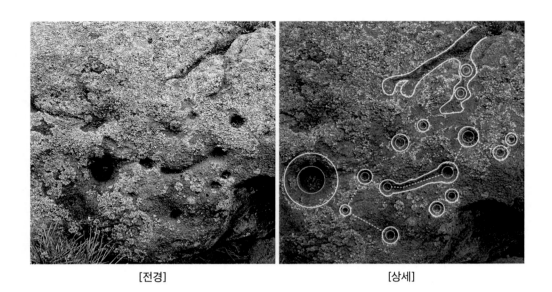

[전경]　　　　　　　　　　　　[상세]

　또한 위의 바위구멍 이외에 남동쪽 10m 정도의 위치에도 자연 암반이 노출되어 독립 바위로 남아 있는데 이 바위는 가장자리가 높고 가운데가 낮은 형상이다. 남서쪽의 가장자리 볼록 솟은 부분에 지름 3㎝의 구멍 1개가 있고, 바위 중간 낮은 부분에는 인공에 의해 만들어진 검형(劍形)의 형상이 있다. 형상은 북서쪽에서 남동쪽으로 경사져 있고 북서쪽에 두 갈래의 홈이 중앙 홈에 합쳐지면서 직선을 이루는 중앙선에 좌우에 각 2개씩 어긋나는 홈을 설치했다. 크기는 폭 31㎝, 길이 85㎝이며, 홈의 폭은 2~4㎝이다. 이곳에 물이 고이면 남동쪽에 있는 바위 홈을 통해 빠져나가는 형상이다. 이 바위 홈의 흔적도 위의 바위구멍 조성 목적과 연관이 있는 것으로 생각된다.

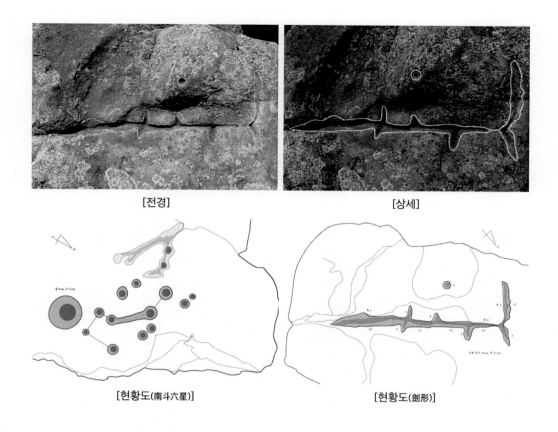

[전경]

[상세]

[현황도(南斗六星)]

[현황도(劍形)]

이외에도 산 정상부와 주변에는 인공으로 새긴 삼각형, '上'자형, 로고 같은 흔적이 있다. 이 흔적은 무속 또는 도교적 행위를 위해 만들어진 흔적인지 확인할 수 없다.

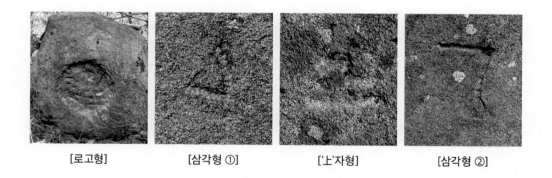

[로고형]

[삼각형 ①]

['上'자형]

[삼각형 ②]

(4) 화달 소산

(3) 이사곡 암반에서 남쪽으로 약 140m 아래쪽 능선에 있다. 화달리 산48-3번지(N36°26′ 23.68″, E128°13′42.08″)로서 주변에는 크고 작은 돌출 사암질의 암반이 많이 산재하여 있다. 바위의 모양은 측면에서 볼 때 거북의 머리 형상이며, 얼굴에 해당하는 바위 옆면에 6개를 조성했다. 구멍은 지름 3~4㎝ 길이 8㎝ 2개, 지름 3~3.5㎝ 3개, 지름 8㎝ 1개이며, 깊이는 1.5㎝ 이하이다. 지름 8㎝ 구멍은 구멍 4개를 합친 형상이며, 석질이 사암으로서 훼손이 심하다.

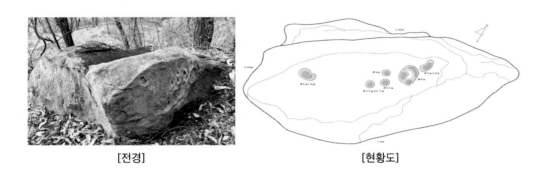

[전경]   [현황도]

(5) 삼덕 소산

(3) 이사곡 암반에서 동남쪽으로 약 90m 능선에 돌출된 독립 바위에 있다. 삼덕리 산77번지(N36°26′25.98″, E128°13′47.25″)로서 소산 정상으로 화달리와 삼덕리 경계가 된다. 바위 형상이 측면에서 볼 때 아래, 위 각각 2마리의 거북의 형상으로 상단부 평평한 면의 동남쪽 가장자리에 6개를 조성했다. 규모는 지름 8㎝ 1개, 6㎝ 1개, 3~5㎝ 4개로서 깊이는 2㎝ 이하이다. 동쪽에는 길이 약 10㎝의 정방형 '門'자 모양의 문양을 새겼다.

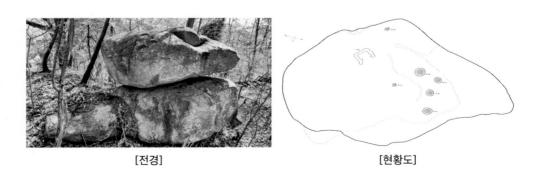

[전경]   [현황도]

5. 사벌 금흔리(사벌왕골)

　이부곡토성이 위치한 성안산(170.8m)에서 낮은 능선이 분기되어 오른쪽은 이사곡 마을, 왼쪽은 사벌왕골로 내려오면서 다시 두 개의 능선으로 분기되어 지형이 삼태기 형상이다. 일대의 암질은 사암 계통이며, 바위구멍은 양쪽 능선에 조성되어 있다. 양쪽 능선 모두 석산으로 개발되어 양질의 석재가 채취되기도 했다.

[위치도]

(1) 독립 바위 ①

　사벌국면 금흔리 32번지(N36°26′27.93″, E128°13′15.15″)로서 경주 김씨 묘역 오른쪽 독립 바위 상부와 측면에 조성했다. 규모는 지름 10㎝ 1개, 8㎝ 2개, 7㎝ 4개, 6㎝ 5개, 5㎝ 이하 8개로서 깊이는 3㎝ 이하로 얕다. 전체 구멍의 수는 20개이며, 바위는 암질이 굵은 사암으로서 표면 박락이 심하다. 조성 부위는 상부에 15개 측면 5개를 조성했다. 형태는 전체적으로 3개씩 이어지는 삼태성형이다.

[전경]　　　　　　　　　　　　　　　　　　[현황도]

(2) 독립 바위 ②

　우측 능선 끝의 해발 81.8m 정상부로서 사벌국면 금흔리 산49-1번지(N36°26′30.34″, E128°13′
15.16″)에 위치한다. 주위에는 여러 개의 바위가 흩어져 있으며, 그중에서 표면에 굴곡이 심한
바위에 조성했다. 규모는 지름 6㎝ 2개, 5㎝ 1개, 4㎝ 이하 5개로서 전체 8개이며, 깊이는 3㎝
이하로 얕다. 조성 부위는 상부 7개, 측면 1개인데 특별한 형상은 확인할 수 없다.

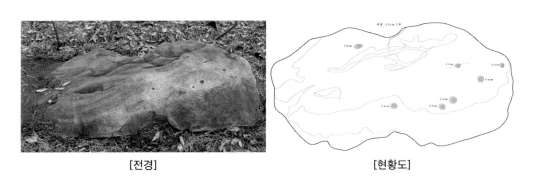

[전경]　　　　　　　　　　　　　　　　　　[현황도]

(3) 암반 ①

　해발 70m의 평평한 지대로서 (1) 독립 바위 ①의 뒤쪽 약 20m
지점에 2단의 암벽이 있다. 높이는 아랫단은 5m, 윗단은 3m 정도
로 윗단에 바위구멍을 조성했다. 이곳은 옛 병성동에서 금흔 2리
로 통하는 옛길 옆이며, 지금은 생태탐방로를 조성했다. 앞쪽으로
는 병풍산과 병성천, 낙동강이 전망된다. 사벌국면 금흔리 산46번
지(N36°26′28.93″, E128°13′14.44″)로서 생태탐방로 좌측에 위치한다.
암벽 11.5m의 상부 가장자리 부분에 집중하여 조성하였다. 가장
큰 구멍은 지름 14㎝, 깊이 7㎝로 전체 구멍의 수는 125개이다. 전
체 구간을 5개 구간으로 구분하여 설명한다.

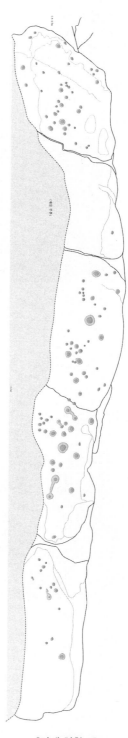

[전체 현황도]

㉮ 암반 ① - 제1구간

규모는 지름 9㎝ 1개, 8㎝ 1개, 7㎝ 1개, 6㎝ 이하 38개로서 깊이는 4㎝ 이하이며, 전체 41개의 구멍을 조성했다. 형태는 2~3개씩 이어지는 삼태성형으로 집중 조성 부위는 폭 1.3m, 길이 2.1m이다.

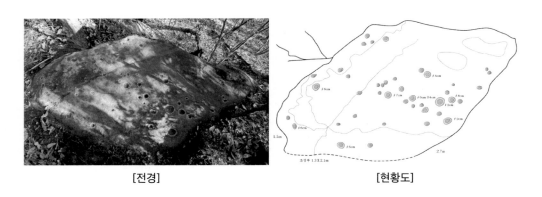

[전경]　　　　　　　　　　　　　　[현황도]

㉯ 암반 ① - 제2구간

규모는 지름 4㎝, 깊이 2㎝의 구멍 1개를 경사 부분에 조성했다. 이 암반면은 다른 구간보다 폭이 좁다.

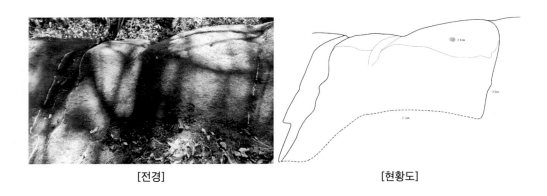

[전경]　　　　　　　　　　　　　　[현황도]

⑭ 암반 ① - 제3구간

규모는 지름 12㎝, 깊이 6㎝ 1개와 지름 10㎝ 1개, 8㎝ 4개, 7㎝ 1개, 6㎝ 이하 32개로서 전체 39개이다. 깊이는 10㎝ 1개를 제외한 나머지는 4㎝ 이하이다. 조성 형태는 2~3개씩 이어지는 삼태성형으로 집중 조성 부위는 폭 0.7m, 길이 1.8m이다.

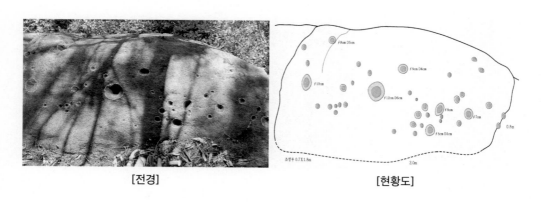

[전경]   [현황도]

㉐ 암반 ① - 제4구간

규모는 지름 14㎝, 깊이 7㎝ 1개와 지름 10㎝ 1개, 9㎝ 1개, 8㎝ 2개, 7㎝ 3개, 6㎝ 이하 22개로서 전체 30개이다. 깊이는 7㎝ 1개를 제외한 나머지는 4㎝ 이하이다. 조성 형태는 2~3개씩 이어지는 삼태성형으로 집중 조성 부위는 폭 0.7m, 길이 1.9m이다. 구멍이 2개가 이어지는 것은 3개이다.

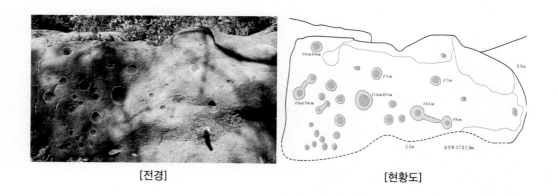

[전경]   [현황도]

⑩ 암반 ① - 제5구간

규모는 지름 13㎝, 깊이 3㎝ 1개, 지름 8㎝, 깊이 5㎝ 1개, 지름 6㎝, 깊이 3㎝ 이하 12개로서 전체 14개이다. 조성 형태는 2~3개씩 이어지는 삼태성형으로 집중 조성 부위는 폭 0.4m, 길이 1.9m이다.

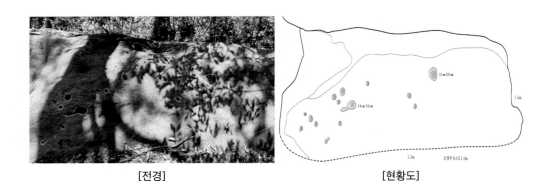

[전경]   [현황도]

(4) 암반 ②

(3) 암반 ①에서 서북쪽으로 약 20m 지점에 있으며, 위치는 사벌국면 금흔리 산46번지 (N36°26′28.28″, E128°13′13.63″)이다. 규모는 지름 12㎝, 깊이 7㎝ 1개, 지름 5㎝, 깊이 3㎝ 이하 7개로서 전체 8개이다. 구멍이 2개가 붙어 있는 것은 2개이다. 특별한 조성 규칙은 확인되지 않는다.

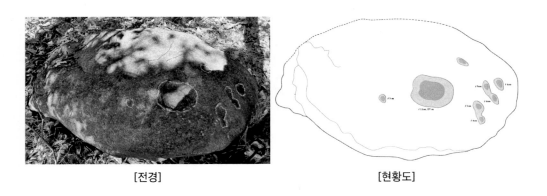

[전경]   [현황도]

(5) 암반 ③

　(4) 암반 ②에서 서북쪽으로 약 5m 지점에 있으며, 위치는 사벌국면 금흔리 산46번지(N36°26′28.22″, E128°13′13.75″)이다. 규모는 지름 6㎝, 깊이 3㎝ 3개, 지름 4㎝, 깊이 3㎝ 이하 5개로서 전체 8개이다. 구멍 3개가 이어지는 삼태성형이다.

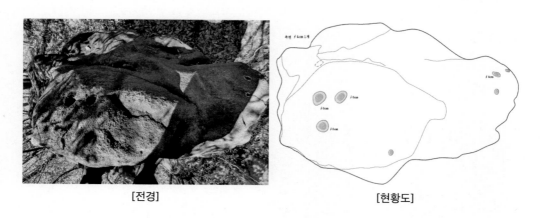

[전경]　　　　　　　　　　　　　　　　　　[현황도]

(6) 암반 ④

　(5) 암반 ③에서 서북쪽으로 약 10m 지점에 있으며, 위치는 사벌국면 금흔리 산46번지(N36°26′28.30″, E128°13′12.75″)이다. 돌출된 암반 위 2곳에 조성했다. 규모는 지름 6㎝ 1개, 4㎝ 2개, 3㎝ 2개로서 깊이는 1㎝ 이하로 전체 5개이다. 특별한 조성 규칙은 확인되지 않는다.

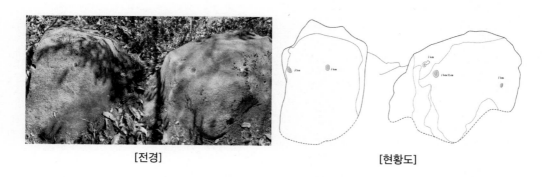

[전경]　　　　　　　　　　　　　　　　　　[현황도]

(7) 독립 바위 ③

사벌국면 금흔리 산40-1번지(N36°26′25.14″, E128°13′04.25″)로서 낙상산(155.8m)에서 병선천으로 내려온 능선 가장 아랫부분 정상(137.0m)에 위치한다. 사벌왕골 금흔리 (3) 암반 ① 유적에서 서남쪽 직선거리 약 250m이다. 정상에는 여러 개의 바위가 노출되어 있는데 이 바위는 서쪽에서 볼 때 거북의 형상이다. 거북의 등에 해당하는 상부면 동남쪽에 전체 19개를 조성했다. 규모는 지름 13~16㎝ 깊이 5~6㎝ 3개, 지름 4~10㎝, 깊이 2㎝ 이하 16개로서 5개씩 무리를 이룬다. 무리 중에서 가운데 구멍의 지름이 가장 크며, 구멍이 2~3개씩 연결되는 삼태성형이다.

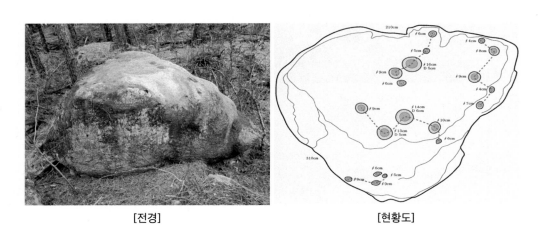

[전경]　　　　　　　　　　　　　　　[현황도]

(8) 독립 바위 ④

사벌국면 금흔리 산40-1번지(N36°26′25.09″, E128°13′04.32″)에 위치하며, (1) 독립 바위 ①에서 동쪽으로 약 15m 떨어져 있다. 이 바위도 동쪽에서 볼 때 거북이나 두꺼비의 모양이다. 가장 높은 상부면인 머리 부분에 전체 3개를 조성했는데 지름 8㎝ 깊이 2㎝ 길이 13㎝의 길쭉한 형태 1개와 지름 6㎝ 깊이 1㎝ 이하 2개로서 삼각형을 이루는 삼태성형이다.

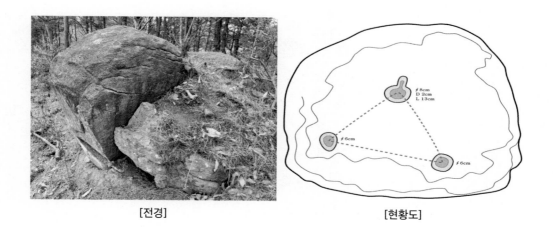

[전경]   [현황도]

6. 사벌 매호리

    사벌국면 매호리 산2번지 내 매호리 177번지(N36°30′30″, E128°15′25″)에서 산 정상 방향의 임도를 50m 정도 따라 올라가면 좌측에 위치한다. 바위의 전체 형상은 제단의 형상이다. 4개의 화강암 바위가 서로 붙어 있는 형태로서 각각의 화강암 바위 면에는 사암과 비슷한 바위가 표면에 색칠한 것 같이 붙어 있는데 이 사암 바위 표면에 오른쪽 바위 한 곳에만 구멍이 있고 나머지 3개에는 구멍 흔적이 없다. 수멍의 수는 50여 개로서 특별한 규칙은 발견할 수 없다.

[전경]　　　　　　　[상세 ①]　　　　　　　[상세 ②]

제3절

중동면

1. 중동 우물리 바위구멍군

　중동면은 상주에서 낙동강의 동쪽에 위치한다. 낙동강으로 인해 동서로 분리되어 도선에 의해서만 통행할 수 있어 예부터 상주의 중심이었던 서쪽과는 낙동강으로 단절되어 지형적으로 교류가 쉽지 않았던 지역이었다. 이곳은 낙동강과 위천(渭川)이 합류되는 곳으로서 위천에 접하여 농경지와 우물리인 우무실(于勿里)과 가사리(佳士里) 마을이 형성되었다.

　낙동강과 위천의 합수 지점에는 가야성이라고 하는 우물리 토성(鳳凰城)이 있으며, 바위구멍은 토성과 천인대의 낙동강 절벽을 따라 3개소에 있다. 또한, 위천으로 형성된 농경지를 따라 형성된 마을 뒷산 능선의 공제선(空際線)에 4개소에 조성되었다. 조성 형태는 윷판형 암각화 3개소, 바위구멍과 윷판형 암각화가 혼합된 2개소, 바위구멍 1개소이다.

　기반 암반은 낙동강과 접한 수변구역에는 역암계의 암질이 발달하였고, 우물리 마을 뒷산에는 사암계의 암질로서 풍화로 인해 큰 암괴(巖塊)가 여러 곳에 노출되어 있는데 노출된 독립 바위를 이용하여 바위구멍이 조성되었다. 바위구멍이 조성된 마을 뒷산에는 삼국시대 조성된 고분이 능선에 따라 수십여 기가 조성되어 있다. 또한 낙동강 상류 방향에는 중동면 간상리 '공군 제16 전투비행단'의 사격장이 있는데 그 맞은편에 '물량리 암각화군'이 있다. 이 우물리 바위구멍군과는 직선거리 2.6㎞ 상류에 위치한다.

(1) 우물리 토성

중동면 우물리 토성 안에 있는 해발 97.3m의 낮은 산이다. 정상부와 위천 방향으로 30m 정도 아래쪽에 바위 2곳에 조성되었으며, 낙동강과 위천(渭川)이 합수되는 남쪽을 향해 있다.

㉮ 정상부

우물리 산20-2번지(N36°23′46.77″, E128°19′00.31″)에 11개가 조성되어 있으며, 타원형의 평평한 바위로서 지석묘 형태이다. 크기는 지름 3~8㎝, 깊이는 1~2㎝이다.

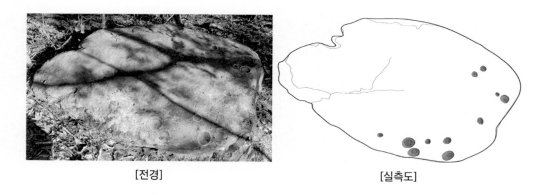

[전경]   [실측도]

㉯ 하단부

우물리 산20-2번지(N36°23′45.42″, E128°19′00.68″)에 14개가 조성되어 있으며, 장방형의 바위로서 산의 경사에 따라 위천 방향으로 길게 눕혀져 있는 형상이다. 지름 46~50㎝ 타원 윷판 모양으로서 구멍 크기는 지름 3~7㎝, 깊이는 1~4㎝ 이내이다.

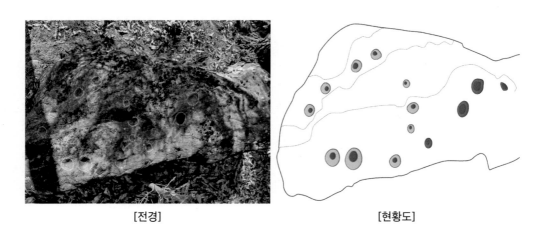

[전경]   [현황도]

(2) 우물리 천인대

중동면 우물리 '작은 마을골' 좌측 산으로서 산19번지(N36°24′04.34″, E128°18′47.78″, ASL 90m) '천인대' 절벽 끝부분에 있으며, 타원과 방형의 윷판 모양이다. 퇴적층 결이 있는 사암질의 바위로서 절벽 위쪽 모서리 부분에 위치하여 강한 햇볕과 바람에 노출되어 있어 층위에 따라 박락 현상이 상당히 진행되었다. 형태는 절벽을 향해 3개의 바위가 일렬로 산 안쪽으로 경사지게 배치되어 있는데 완전한 윷판 3개와 유사 형태 1개, 표면 탈락으로 훼손된 1개가 있다. 전체 구멍의 수는 117개로 윷판이 있는 바위 이외에도 주변 바위에 여러 개의 바위구멍이 보인다. 윷판 모양 크기는 26~36㎝로 구멍 지름은 1~3㎝, 깊이는 1㎝ 이내이다. 중간과 오른쪽에 있는 바위 표면은 윷판이 새겨진 바위 표면이 퇴적층에 따라 박락되어 훼손되었다.

구 분	형태	크기	개수	구멍 수	부기
1	방형	33~36	1	29	모
2	타원형	26~30, 36, 35	3	59	-
3	타원형	26~30	1	29	김만○

[형상(㎝, 개)]

[전경]

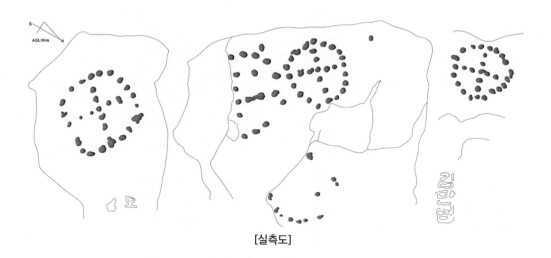

[실측도]

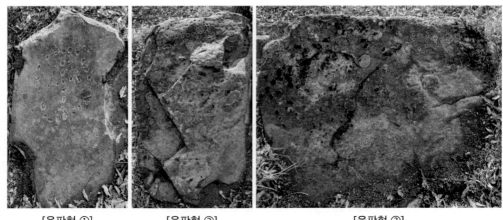

[윷판형 ①]　　　　　　[윷판형 ②]　　　　　　　　[윷판형 ③]

(3) 우물리 고분군

중동면 우물리 산59-1번지 일대 가시리 마을 뒷산으로 삼국시대 고분군 내에 있는 윷판형 암각화 등 바위구멍 유적이다. 이곳에서는 낙동강과 위천이 바라다보이는 산 능선을 따라 조성되었다. 자연 암반과 고분 개석(蓋石)에서 윷판 모양 암각화와 바위구멍이 4곳에서 확인 된다.

㉮ 윷판형

중동면 우물리 산59-1번지(N36°24′19.30″, E128°19′16.16″)에 있다. 산 능선의 서북쪽에 위치하며, 사암 계통의 평평한 깬 돌로서 고분의 개석 상부에 있다. 바탕 면을 평평하게 잔다듬한 듯한 흔적이 있는데 그 위에 윷판 1개를 새겼다. 구멍은 가운데 구멍이 가장 크며, 전체 31 개로서 윷판 모양은 지름 39~40㎝, 깊이는 1㎝ 이내이다. 이 개석은 동남쪽의 위천이 보이는 능선에 윷판이 새겨져 있던 바위를 고분에 사용한 것 같다.

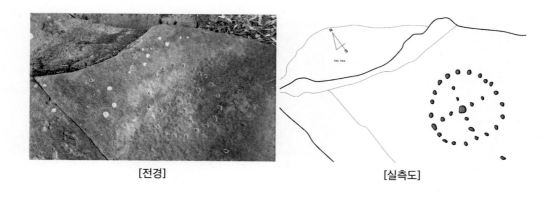

[전경]　　　　　　　　　　　　　　　[실측도]

④ 바위구멍

　중동면 우물리 산59-1번지(N36°24′20.97″, E128°19′20.64″)에 있다. 위천이 내려다보이는 위치이
며, 역암 계통으로 경사진 비탈에 돌출된 자연 암반 상부 평평한 면에 새겼다. 전체 구멍 수
는 5개로 구멍 크기는 가장 큰 구멍이 지름 10㎝, 깊이는 2㎝ 이내이며, 나머지는 4개는 지름
3~7㎝, 깊이는 1㎝ 이내이다. 깊게 팬 말굽형 구멍 1개가 있는데 인공 여부가 분명하지 않다.

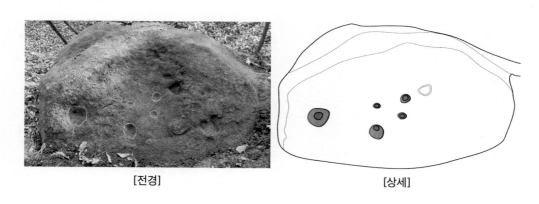

[전경]　　　　　　　　　　　　　　　[상세]

⑭ 고누(꼰)형

　중동면 우물리 산59-1번지(N36°24′24.67″, E128°19′23.06″)에 있다. 가시리 마을에서 '길마자골'
로 산을 넘는 해발 97m의 고갯마루이다. 사암 계통의 자연 암반이 얕게 노출된 윗면에 새겼
다. 완전한 윷판 모양이 아니며, 윷판의 1/4 형상으로 우물 고누(꼰) 모양에 가깝다. 지름은
23~24㎝이며, 바위구멍 수는 전체 17개이다.

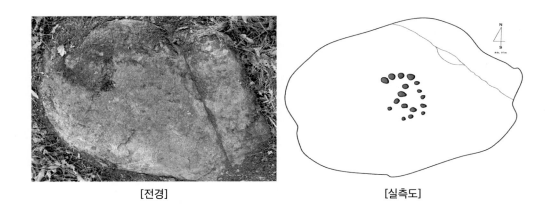

[전경]　　　　　　　　　　　　　[실측도]

㉑ 바위구멍

중동면 우물리 산59-1번지(N36°24′25.34″, E128°19′22.37″)에 있다. ㉓ 고누(꼰)형 북쪽 고갯마루에 돌출된 바위 상부 모서리에 지름 3~5㎝의 바위구멍 4개가 조성되었다.

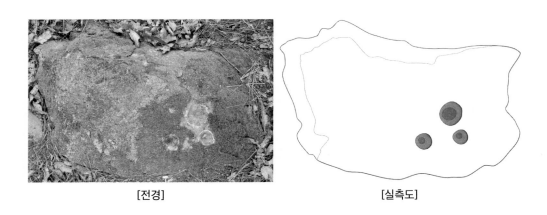

[전경]　　　　　　　　　　　　　[실측도]

㉒ 윷판형 바위구멍

중동면 우물리 산59-1번지(N36°24′26.33″, E128°19′23.27″)에 있다. 고분군에서 북쪽으로 벗어난 곳으로, 해발고도가 101m로서 가장 높은 위치에 있다. 능선에 있는 사암 계통의 독립된 바위로 둥글고 윗면이 평평하다. 크고 깊은 바위구멍과 얕은 윷판 모양이 혼합되어 윗면에 집중되어 있고, 모서리에도 몇 개가 있다. 윷판은 분명하게 나타나지 않으며, 윷판과 유사한 형상은 2개로 지름은 23~30㎝, 20~23㎝이다. 구멍 크기는 큰 구멍이 지름 8㎝, 깊이는 5㎝ 이내이다. 전체 구멍 수는 106개이다.

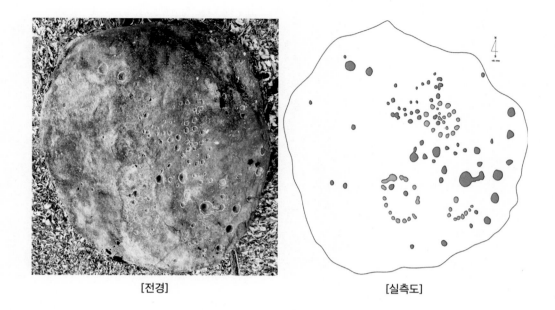

[전경]   [실측도]

2. 중동 회상리(칠성바위)

중동면 회상리 산2번지에 있다. 묏골 마을에서 덕암로를 통해 예천 방향으로 1㎞ 정도 더 가면 해발 126.8m의 야산이 오른쪽에 있는데 능선에 조성된 민묘(民墓) 배면과 좌측면으로 8개 바위가 군집을 이루고 있다. (1) 독립 바위 ①의 위치는 1913년 지적원도 작성을 하기 위한 측량조사 때에는 4m 이상의 도로였다. 즉, 고갯마루의 도로변에 있는 바위로서 사람의 왕래가 잦은 곳이었는데 현재의 덕암로를 우회 개설하면서 폐도가 되었고, 민묘가 조성된 것으로 보인다. '문화재 분포지도'에는 회상리 지석묘군으로 표기되어 있으며, 마을에서는 '칠성바위'라고 한다. 바위는 강자갈과 모래가 퇴적되어 형성된 역암 계통으로, 풍화작용에 따라 강자갈이 분리되어 빠져나온 구멍과 인공적으로 만든 구멍이 잘 구분되지 않는다. 경사지 위쪽에 있는 바위 1개와 아래쪽에 있는 1개 바위에서 전체 4개의 구멍이 확인된다.

(1) 독립 바위 ①

원래는 도로 옆에 있던 바위로서 회상리 산202번지(N36°28′16.65″, E128°15′58.54″) 폐도에 있으며, 산자락을 따라 위에서부터 3번째 바위로서 민묘 좌측이 된다. 타원형의 역암질 독립된 바위로서 하단부와 중앙에 3개가 확인된다.

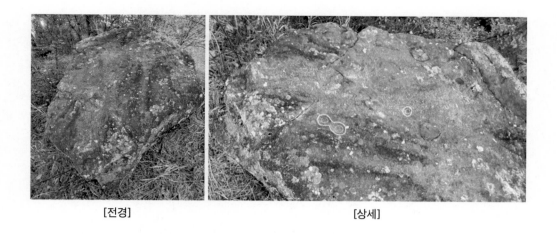

[전경]　　　　　　　　　　　　　　　　[상세]

(2) 독립 바위 ②

회상리 산13-11번지(N36°28′16.65″, E128°15′58.54″) 가장 아래쪽에 있는 바위로서 민묘 좌측 아래쪽이 된다. 장방형의 독립된 역암질 바위로서 상단부 중앙에 1개가 확인된다.

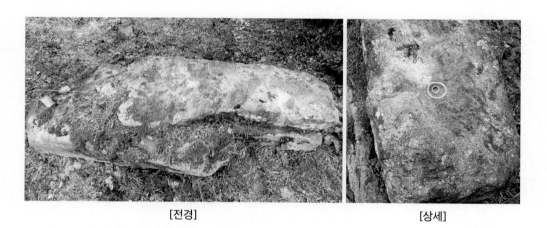

[전경]　　　　　　　　　　　　　　　　[상세]

3. 중동 회상리(횟골)

옛 회상나루가 있던 곳으로 중동면 회상리 산192번지(Ⓐ N36°27′29.22″, E128°15′34.39″, Ⓑ N36° 27′29.97″, E128°15′33.66″) 낮은 산 중턱에 조성된 의성 김씨 문중 묘역 위쪽에 있다. 회상3길의 북쪽으로서 낙동강에서 약 220m 지점에 퇴적암 암반이 노출된 암반층에 아래위 약 10m의 거리를 두고 2곳의 암반에 있다. 바위의 형상은 정상 쪽에서 볼 때 낙동강을 향한 거북의 형 상이다. Ⓐ 아래쪽에는 몸체 지점에 지름 3㎝, 깊이 1㎝ 1개가 있으며, Ⓑ 위쪽에는 머리 지점에 지름 6㎝, 깊이 3㎝ 1개와 지름 3㎝, 깊이 2㎝ 1개로 전체 3개의 구멍을 조성했다.

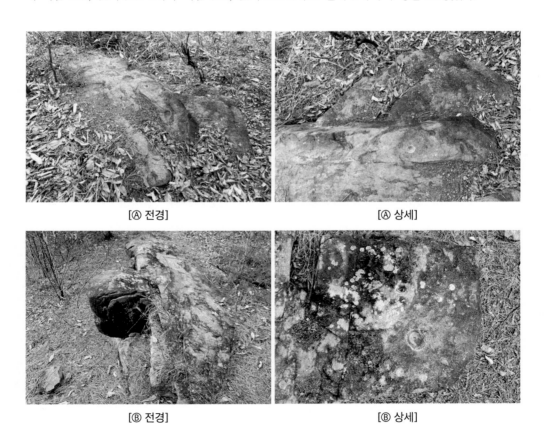

[Ⓐ 전경]　　　　　　　　　　　　　　[Ⓐ 상세]

[Ⓑ 전경]　　　　　　　　　　　　　　[Ⓑ 상세]

제4절

낙동면

1. 낙동 승곡리(옥가실)

　낙동면 승곡리 400번지(N36°21′25.65″, E128°13′27.53″) 옥가실 마을 안 서쪽에 조성된 감나무 밭에 위치한다. 원래는 하나의 바위인데 중간 부분에서 갈라져 2개로 나누어져 있다. 갈라진 절단부에 구멍 형태가 남아 있는 것을 볼 때 원래의 위치에서 바탕석을 이동시키는 과정에서 외력에 의해 갈라진 것으로 추측된다. 지름 약 3~8㎝의 구멍 29개가 확인된다. 큰 바위에 6개, 작은 바위에 23개이며, 절단부에 2~3개의 반쪽 형태가 보인다. 3개 구멍씩 연결되는 유형으로 9개가 서로 연결된다.

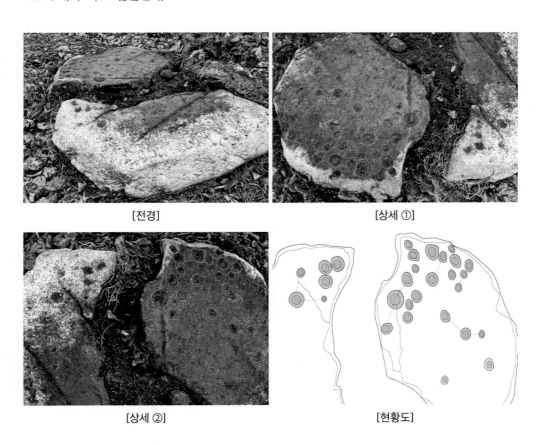

[전경]

[상세 ①]

[상세 ②]

[현황도]

2. 낙동 운평리(굴터)

　낙동면 운평리 산60번지(N36°22′27.19″, E128°11′25.49″) 상산 김씨 묘도(墓道) 입구 좌측에 세워져 있다. 높이 2.1m, 폭 1.6m 정도의 표면이 거친 화강암계 바위인데 바위구멍은 뒷면에 조성되어 있다. 바탕 바위 면은 아래쪽이 높고 위쪽이 낮은 2단으로 낮은 위쪽 면은 바위 일부가 떨어져 나간 형상이다. 전체적으로 바위 면이 거칠고 구멍의 깊이가 얕아 인공 구멍과 자연 홈의 구분이 쉽지 않다. 구멍은 아래쪽 높은 단에 집중되어 있는데 지름 약 3~8㎝의 구멍 50개가 확인되며, 큰 구멍은 지름 8㎝, 깊이 3㎝이다. 6개, 9개로 군집을 이루면서 3개의 구멍이 연결되거나 'W'자형으로 나타나고 있으나 구멍이 있었을 것으로 추측되는 부분 절반이 떨어져 나간 현상(現狀)으로서 잔존 구멍의 배열에서는 조성자가 의도하는 규칙성을 파악하기는 어렵다. 또 다른 앞면에서도 약 20개의 구멍이 있으나 이 구멍은 파임 안쪽이 좁고 뾰족한 모양으로서 총탄 자국으로 보인다. 이러한 바위구멍 현상들을 종합해 보면 원래 눕혀져 있던 바위에 구멍을 조성하였는데 일제강점기나 한국전쟁 이전에 바위를 일으켜 세워 놓아 앞면에 총탄의 흔적이 발생한 것으로 추측된다.

[전경]

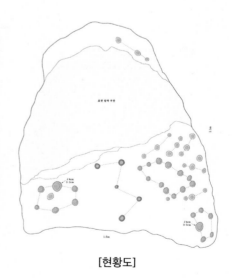
[현황도]

3. 낙동 상촌리(삼봉산)

　낙동면 상촌리 산92번지(N36°21′37.36″, E128°15′08.96″) 삼봉산 정상 제1봉(448m)에 있다. 이 곳은 암반으로서 큰 바위가 많이 노출되어 있는데 바위에는 여러 사람이 이름을 새겨 놓았 다. 바위구멍은 길이 2.8m, 폭 0.85~1.9m 크기의 노출된 평평한 암반에 있는데 이곳에도 '94.4', '재식', '권', '김', '尹' 등의 글자를 새겼고, 그 사이에 52개의 바위구멍이 확인된다. 구멍은 길이 1.7m, 폭 0.8m 내에 조성했으며, 크기는 지름 3㎝, 깊이 1㎝ 이하로서 규모가 작다. 바 위구멍 위에 글자를 새겨서 구멍이 훼손되었고, 완전한 형상의 판독이 어렵다.

　52개 구멍 중에서 21개 구멍은 바깥쪽에 이중으로 된 원호가 있고, 그 안쪽에 직선으로 연 결한 윷판의 1/4 형상을 이룬다. 나머지 부분은 글자를 새길 때 훼손되었고, 이외에는 뚜렷 한 형상이 나타나지 않는다.

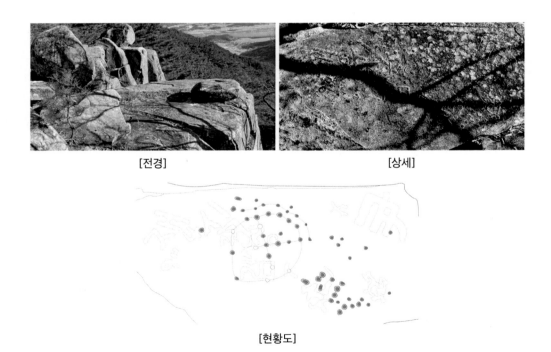

[전경]　　　　　　　　　　　　　　　　　　　　[상세]

[현황도]

4. 낙동 신상리

(1) 채반 바위

　낙동면 신상리 1075번지(N36°24′09.26″, E128°14′05.65″)로서 마을 입구 도로 가운데 있는데 '돌다리' 또는 '방구백이'라고 한다. 원래는 신촌리(新村里)라 했는데 두 마을로 분리되어 있어 윗마을을 신상리(新上里), 아랫마을을 신하리(新下里)라 했다. 두 마을에서 각각 동제를 지내던 바위가 있는데 신상리에는 상신단(上神壇)이 있고, 신하리에는 하신단(下神壇)이 있다. 하신단은 마을 입구에 큰 고목이 열을 지어 서 있고, 그 옆에 옛 우물이 남아 있는데 이 우물에서 갑장산 쪽 언덕 위에 거북 모양 바위가 3개가 조합되어 거북과 돌다리의 형상을 이룬다.

　상신단에도 작은 마을과 같은 형상으로 있는데 작은 마을보다 높은 단 위에 바위가 크고 형태가 더욱 뚜렷하다. 원래는 큰 나무 아래에 있었으나 그 나무는 죽었다. 그 후 바위 주변에 석축을 쌓고 콘크리트 단을 만들었는데 단에는 '2002. 4. 17. 준공' 기록이 새겨져 있다. 마을에서는 상신단을 남신(男神), 하신단을 여신(女神)의 부부 신격으로 모시고, 매년 남자 신에게는 산신제(山神祭)를, 여자 신에게는 거북 거리제(街祭)를 봉행하였으나 나무가 죽고 새로 콘크리트 단을 만든 2002년경부터 중단된 것으로 보인다.

　이 마을의 암석 신앙이 언제부터 시작되었는지는 알 수 없다. 주민들은 이 단 위에 있는 바위를 북쪽으로부터 '채반바위', '말바위', '두꺼비바위'라고 하며, 3개 바위에는 전체 31개 구멍이 확인된다. 북쪽에 있는 바위는 중간에 밋밋한 깊이로 파인 원형의 큰 형상이 있어 '채반바위'라고 부르고 있는데 바위 동북쪽에 29개 구멍이 집중되어 있다. 중간에 있는 바위는 형상이 말 머리처럼 생겨 '말바위'라 하고, 머리 부분에 지름 5㎝, 깊이 1㎝ 이내의 구멍 1개가 있다. 두꺼비바위는 두꺼비가 웅크리고 앉아 있는 형상으로 이곳에도 머리 부분에 지름 8㎝, 깊이 1㎝ 이내의 구멍 1개가 있다.

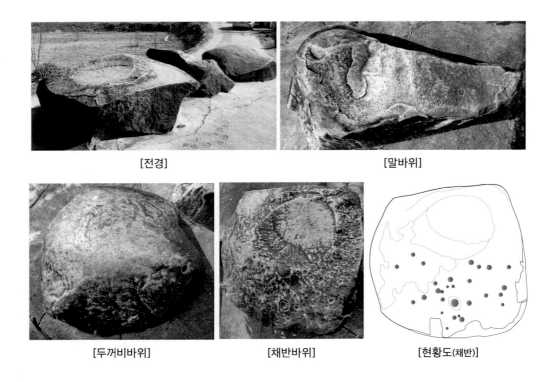

[전경]   [말바위]

[두꺼비바위]   [채반바위]   [현황도(채반)]

(2) 민묘

낙동면 신상리 349번지(N36°24′21.47″, E128°14′39.03″)에 위치한다. 신상 공설묘지 서쪽 민묘에 있다. 민묘 뒤쪽에 있는 길이 1.7m, 높이 1.1m의 반원형 독립 바위로서 구멍 크기는 2.5~8cm이며, 큰 구멍은 깊이가 3.5cm이다. 전체 구멍 수는 25개이다.

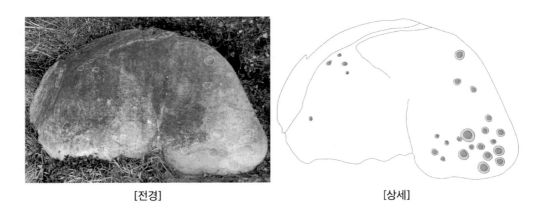

[전경]   [상세]

(3) 공설묘지

낙동면 신상리 산8-1번지(N36°24′23.82″, E128°14′45.90″)에 위치하며, 신상 공설묘지 남쪽 9부 능선에 있다. 민묘 뒤쪽에 있는 암반인데 앞쪽을 착암기로 떼어내어 묘역 아래 축대 석축에 사용한 것으로 보인다. 파괴되고 남은 부분에 구멍 3개가 있는데 크기는 4~6㎝이며, 큰 것은 깊이가 1.5㎝이다. 묘지 아래 축대 석축으로 사용된 부분에는 여러 개가 있을 것으로 추정되나 확인할 수 없다.

[전경]   [상세]

5. 낙동 용포리

낙동면 용포리 688-1번지(N36°19′22.10″ E128°11′39.99″) 수선로 옆 상용담 마을 당산의 제단
으로 이용되는 바위이다. 갑장산(805.8m)의 남쪽 자락으로 해발 약 205m이며, 주변에는 바위
구멍이 많은 바위가 있었으나 사방사업을 하면서 없어졌다고 한다. 구멍은 가장자리를 따라
일렬로 지금 10~11㎝, 깊이 2㎝ 내외로서 구멍 내부면은 거친 표면이다.

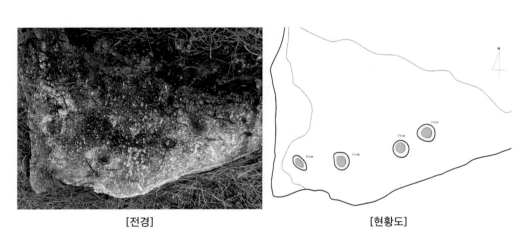

[전경]   [현황도]

제5절

청리면

1. 청리 하초리

서산(511.2m)에서 남쪽으로 내려온 능선 2개의 능선 중에서 동쪽의 능선으로서 공성 회룡 봉수와 상주 소산 봉수의 중간인 서산 봉수대가 있다. 상초(上草) 마을에서 산 능선을 따라 정상 방향으로 올라가면서 조성되었는데 봉수대 1곳과 정상 방향 위쪽에 1곳에 조성되었다.

(1) 봉수대

청리면 하초리 산51번지(N36°18′43.33′, E128°05′42.52″, 해발 203m)에 위치한다. 이곳은 조선시대 봉수대가 있었던 곳으로 주변에 석축이 남아 있고, 중앙에는 풍양 조씨 묘가 조성되어 있다. 이 민묘 동쪽 아래 약 15m 지점 경사면에 입석이 돌출되어 있는데 입석의 옆면 수직면에 1개를 조성했다. 크기는 지름 6㎝, 깊이 4㎝ 정도이다.

[전경]　　　　　　　　　　　[상세]

(2) 서산 중턱

청리면 하초리 산42번지(N36°18′53.36′, E128°05′37.19″, 해발 272m)에 위치하며, 서산의 중턱이다. 능선을 따라 형성된 암반층 상부에 돌출된 3개의 바위에 조성되어 있다. 산 정상 방향의 능선에 돌출 바위 사이로 등산로가 있고, 등산로 우측 2개 바위와 좌측 1개 바위에 새겼는데 전체적으로 구멍의 크기는 작은 편이다.

㉮ 독립 바위 ①

우측 첫 번째 바위는 윗면이 좁고 아래가 넓은 삼각뿔 형태로 높이 0.83m, 밑변 1.13m 크기의 동쪽 면이 잘린 모양의 돌출 바위인데 이곳에서는 병성천과 하초리 앞들의 넓은 개방 공간이 전망된다. 동쪽 하초리 앞들 방향을 보고 서쪽 경사면에 구멍을 새겼다. 지름은 약 1.5~6.5㎝의 구멍 36개가 밀집되어 조성됐다. 중앙부에 새긴 6개의 큰 구멍은 원형을 이루고 있다. 구멍 조성 형태를 보면 2개, 3개, 4개, 5개, 6개, 7개로 연결된다. 6개, 7개로 연결되는 구멍의 지름은 크고, 중심부에 있으며, 작은 구멍은 그 주변에 조성되어 있다. 이 구멍은 '북두칠성(北斗七星)'이나 '남두육성(南斗六星)'을 의도한 것이 아닌가 생각된다. 작은 구멍을 보면 2개, 3개로 연결되는 것은 직선형이며, 4개로 연결되는 것은 'ㄴ'자형, 5개로 연결되는 것은 'T'자형이다. 그러나 전체적으로 어떠한 구체적 형상을 의도하여 새겼는지는 추측할 수 없다.

[전경]

[실측도]

④ 독립 바위 ②

우측 두 번째 바위는 ㉮ 독립 바위 ① 바위 좌측에 수직으로 선 바위로서 동쪽 면 절반이 잘려 나간 형상이다. 등산로 옆 서쪽 방향 경사면에 2개를 새겼는데 크기는 지름 4㎝, 2㎝, 깊이 1㎝ 정도이다.

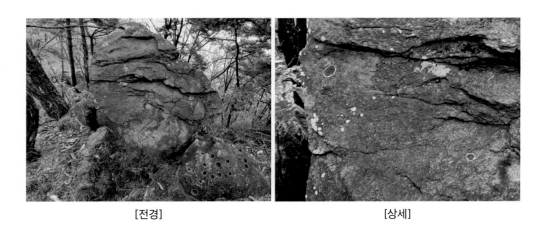

[전경]　　　　　　　　　　　　　　　　[상세]

⑤ 독립 바위 ③

등산로의 좌측에 위치하며, 바위의 형상은 동서로 길게 수직으로 갈라진 형태인데 상단부에 6개를 새겼다. 크기는 지름 6㎝, 깊이 3㎝ 2개, 지름 5㎝, 깊이 2㎝ 1개, 지름 3㎝, 깊이 1.5㎝ 1개, 지름 2㎝, 깊이 1㎝ 2개이다.

[전경]　　　　　　　　　　　　　　　　[상세]

2. 청리 덕산리(화장바위)

청리면 덕산리 산12-2번지(N36°19′54.19″, E128°06′.14.62″) 서산 동쪽 '정흘지'와 '정들지' 사이의 '대뱅이골' 계곡 해발 182m에 위치한다. 천주교에서는 신도가 순교한 일명 '화장바위'라고 한다. 바위는 폭 3.5m, 길이 6m의 장방형으로서 중앙부 양쪽에 1개씩 전체 2개가 확인된다. 구멍 지름은 5~7㎝이며, 깊이는 3㎝ 이내이다. 바위의 형상은 중앙부가 가장자리보다 깊고, 표면의 박리가 심하다. 구멍은 2개 이외에도 박리되기 전의 표면에는 여러 개가 있었을 것으로 추측된다. 표면 박리가 심한 것은 가장자리보다 중앙부가 낮아 물이 고이는 환경으로 표면 풍화의 영향이 크고, 이 바위 위에서 화장 행위가 이루어졌다면 열로 인해 표면 박리가 이루어졌을 것으로 생각된다.

이 바위에서 약 90m 계곡 아래쪽 밭둑에도 이와 유사한 바위가 있는데 이 바위도 '화장바위'라고 한다. 2개의 바위가 외형이 유사한 형태로서 이 바위에도 1개 이상의 바위구멍 형상이 있으나 바위를 절단하기 위한 쐐기 구멍이 바위 결을 따라 여러 곳에 남아 있어 절단하기 위한 흔적인지 구별이 명확하지 않다. 이 바위도 중앙 부분에는 박리현상이 나타난다.

[전경]

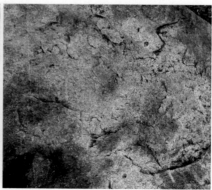

[상세]

3. 청리 청하리(동구)

　청리면 청하리 산61-2번지(N36°19′42.84″, E128°8′07.87″) 역마 입구에 위치한다. 안산(263.8m) 서남쪽 자락 끝에 암반이 노출되어 청하천과 마주친다. 이곳에 청하 마을의 동제를 지내는 조그만 입석이 하나가 있다. 또한, 청하천 넘어서는 기둥같이 세워진 입석 2개가 과수원 안에 서 있는데 청하천 쪽의 입석 중간에 4개의 구멍이 있다. 이 구멍은 바위를 절단하려다 중단한 것을 입석으로 사용하여 옛 마을의 동구를 만든 것이다.

　바위구멍은 안산 자락을 따라 내려온 암반 사이의 튀어나온 조그만 바위에 지름 5~8㎝의 성혈 3개가 있는데 가장자리에 있는 구멍이 가장 크다. 바위의 전체적인 형상은 자라나 거북의 형상으로서 머리로 보이는 부분에 조성했다. 그 왼쪽에는 지름 6㎝의 1개가 별도로 조성되어 있는데 위쪽으로 홈이 연결되어 있다. 이 바위는 도로에 접해 있어 도로 개설로 인해 상당 부분이 매립된 상태이다. 매립된 하단부에도 구멍을 조성했을 가능성이 있다.

[전경]

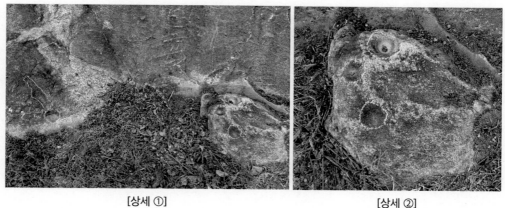

[상세 ①]   [상세 ②]

4. 청리 청하리(구시골)

    수선산(682.6m)에서 서북쪽으로 내려온 능선 끝부분 261m 고지 북쪽 '구시골' 위쪽에 위치하며, 청하리 고분군의 안에 위치한다. 이곳에는 천도교를 신봉하는 교인이 삼성당(三聖堂)[34]이란 신당을 세우고 오래전 기도한 흔적이 보인다. 청리면 청하리 산152번지 계곡 중간에 약 10m의 간격을 두고, 상부면이 평평한 2개의 사암계 바위에 구멍을 조성했다.

    이곳에서는 북쪽의 원장리, 수상리, 덕산리 등 일대의 평야가 조망된다. 반경 2.5㎞ 이내에는 청리면 원장리, 월로리, 마공리에 각각 2개, 청상리 5개, 공성면 용안리 2개 등 고분군과 월로리 산성과 마공성 등 삼국시대 13개 고분군과 2개의 산성이 밀집 분포되어 있고, 이 바위는 그 유적의 중심 위치에 있다.

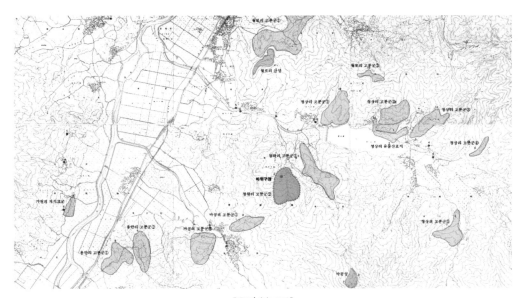

[유적 분포도]

34　天皇, 地皇, 人皇의 三聖堂이란 석비를 당집 안에 세우고, 기도처로 이용하고 있다.

(1) 하단부 바위

천도교 포교소에서 261m 고지 방향으로 약 100m에 위치(N36°19′14.15″, E128°08′18.82″)하며, 바위 형상은 산 아래쪽으로 기울어지고, 상부면이 평평한 바위다. 지름 5~8㎝, 깊이 3㎝ 이하의 구멍 16개를 상부면에 조성했다. 6개, 7개의 군으로 대칭을 이루는 형태가 함창읍 신흥리 바위구멍 유적과 유사하다.

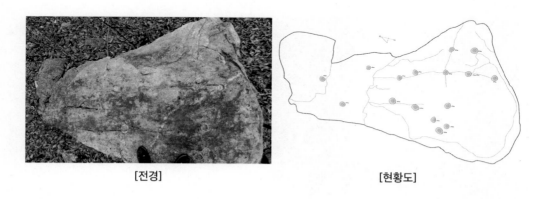

[전경]   [현황도]

(2) 중간부 바위

하단부와 상단부 바위 중간에 (N36°19′14.46″, E128°08′18.60″) 위치한다. 바위는 전체적으로 주름이 많다. 구멍은 바위의 홈을 따라 줄을 지어 조성했으며, 만산동의 바위구멍 조성 방법과 유사하다. 지름 5~8㎝, 깊이 2~5㎝ 이내의 구멍을 상부면에 28개 조성했다. 바위 홈을 따라 조성한 수법이 만산동과 유사하다.

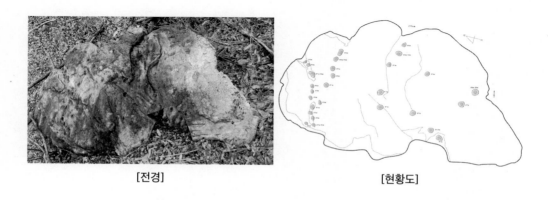

[전경]   [현황도]

(3) 상단부 바위

(1) 하단부 바위에서 261m 고지 방향으로 약 10m에(N36°19′13.73″, E128°08′18.83″) 위치한다. 바위는 거북의 형상이며, 한쪽 면이 깨어져 구멍 1개는 반쪽만 남아 있다. 지름 5~8㎝, 깊이 2㎝ 이내의 구멍을 상부면 4개, 측면에 2개를 조성했으며, 2개씩 짝을 이룬다.

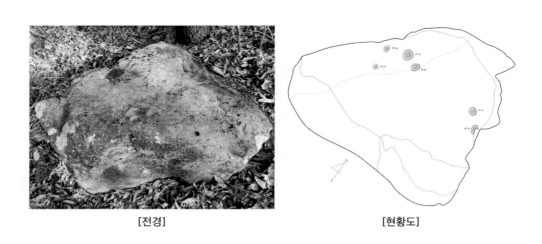

[전경]   [현황도]

5. 청리 삼괴리

청리면 삼괴리 439번지(N36°21′39.39″, E128°06′56.48″)에 위치한다. 석단산(220.3m)이 서남쪽으로 3개의 능선으로 분기되는데 그 가운데 더무실과 대지랑 마을 사이에 있는 능선의 정상 해발 124m 지점에 있다. 이 위치에서는 삼괴리와 수상리 앞들의 개활지가 전망된다. 능선 아래 끝 지점에는 안동도호부사 신송주[35]의 묘역이 조성되어 있다. 바위는 사암 계통으로 작은 구멍이 여러 개 있는 둥글고 넓적한 독립 바위로서 중간부에 'V'자형의 홈으로 상단 면이 3등분되어 있다. 바위의 외형은 전체적으로 여근석 형태이다.

바위 상단부 우측에 집중하여 지름 1.5~6㎝, 깊이 1~5㎝의 비교적 지름이 작은 구멍 14개를 조성했다. 작은 구멍은 인공 여부 판단이 모호하다. 구멍의 형태는 3개씩 줄지어지는 삼태성(三台星)을 의도한 표현으로 보인다. 우측 아래쪽에 있는 큰 구멍은 지름 6㎝, 깊이 5㎝의 수직형 구멍으로서 '제14절 - 1. 계산동 - (2) 와룡산 ②'의 바위 형상과 수법이 유사하다. 불씨를 얻기 위한 구멍이 아닌가 생각된다.

[전경]

[현황도]

---

35 신송주(申松舟), 1420(세종 2)~1464(세조 10), 본관 고령(高靈), 부친은 신장(申檣)이고 신숙주(申叔舟: 1417~1475)의 동생이다. 1447년(세종 29) 생원, 1457년(세조 3) 문과에 급제하여 장령(掌令), 1463년 안동대도호부사(安東大都護府使)를 역임했다.

6. 청리 수상리(청리교회)

청리면 수상리 342-1번지(N36°22′37.24″, E128°07′26.11″)로서 청리교회 북쪽 해발 78.7m의 낮은 산 암벽 하단부와 정상에 지석묘로 추측되는 독립 바위에 조성했다.

(1) 암벽

암벽 하단부 교회 마당과 접하는 부분에 지름 7㎝, 깊이 6㎝ 1개와 지름 4㎝, 5㎝ 각 1개로서 전체 3개를 조성했다. 바위가 마당 조성으로 인해 부분적으로 떨어져 나갔으며, 구멍의 면이 기계로 뚫은 것같이 매끈하다.

[전경]　　　　　　　　　　　　　　　[현황도]

(2) 정상부

암벽 상단부 산 정상부에 길이 1.75m, 폭 1.65m, 높이 0.85m의 정방형 바위 1개와 부정형으로 교회 첨탑 공사에서 나온 듯한 상단부가 평평한 바위 2개가 있다. 정방형 바위는 가장자리가 높고, 중앙부가 낮은 형태로서 북쪽 일부가 오래전에 잘려 나간 형상이다. 상단부 가장자리에 지름 6㎝, 깊이 2㎝ 1개와 중앙부에 지름 22㎝, 깊이 6㎝의 큰 원형에 붙어 지름 5㎝의 구멍이 확인된다.

[전경]

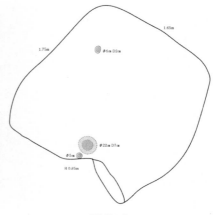

[현황도]

제6절

공성면

1. 공성 봉산리(취은고택)

공성면 봉산리 560번지(N36°18′15.73″, E128°03′44.33″) 골가실 마을에 위치한다. 이곳은 '여산 송씨 정가공파'의 취은고택[36] 바깥마당으로서 백학산과 서산(513m) 사이에 위치하며 백두대 간의 동쪽 자락 해발 115m의 구릉지이다. 주변의 농지와 주택지에는 큰 바위들이 산재해 있으며, 이 바위는 원래의 위치가 아니고 불명의 어느 위치에서 이동되어 콘크리트 마당 위에 보관되고 있다. 형태는 독립된 장방형의 바위로서 윗면은 평평하며, 평탄 부위에 50개가 조성 되었는데 대부분 바위에 생긴 금을 따라 조성되었다. 특이한 것은 3개 구멍이 1개군으로 전체 14개군 42개가 짝이 지어지고, 나머지 8개는 짝이 지어지지 않는다. 즉, 구체적인 조성 의도는 알 수 없으나 한번 조성할 때 3개씩 조성하여 여러 번 반복 조성된 것으로 보면 삼태성 (三台星)을 의도한 표현으로 보인다.

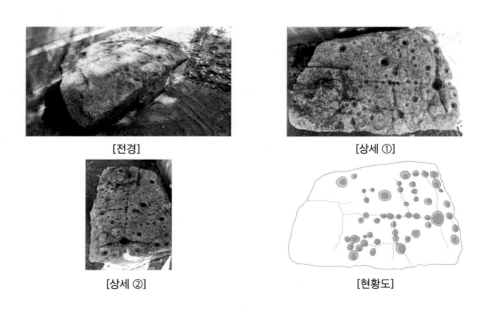

[전경]

[상세 ①]

[상세 ②]

[현황도]

---

[36] 공성면 봉산리 골가실 마을에서 세거해 온 여산 송씨(정가공파)의 고택으로 2011년 1월 3일 경상북도 문화재자료로 지정되었다.

2. 공성 인창리

공성면 인창리 561번지 마을 입구 정자나무 아래 위치한다. 정자나무 둘레에 축대를 쌓았는데 석축에 사용된 2개의 자연석에 구멍이 조성되었다. 남쪽 바위(N36°18′45.41″, E128°04′42.42″)에는 3개로 지름 4㎝, 깊이 2㎝ 이내로 얕고, 기계로 판 것같이 정교하다. 동쪽에 있는 바위(N36°18′45.55″, E128°04′42.74″)는 정자나무 쪽으로 절단된 삼각형 모양으로서 지름이 약 4~7㎝로 크고 뚜렷하며, 지름 약 3~7㎝, 깊이 5㎝ 이내의 구멍 18개가 확인된다. 이 바위는 절단면으로 추측되는 부위에 구멍이 조성된 것으로 보아 원래의 바위에서 떨어져 나온 이후에 구멍 조성행위가 진행된 것으로 보이며, 상주에 있는 바위구멍 유적 중에서는 작은 면적에 가장 많은 구멍을 조성했다. 남쪽에 있는 3개 구멍이 있는 바위는 화강암으로 상부의 면이 평평하다. 2개의 바위 모두 다른 장소에서 정자나무 아래로 이동된 것으로 추측된다. 이 바위의 구멍도 3개씩 한 조로 연결된 형태이다.

[동쪽 바위 전경]

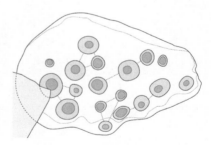

[현황도]

[남쪽 바위 전경]

[상세]

3. 공성 금계리

(1) 독립 바위 ①

공성면 금계리 117-1번지(N36°17′46.82″, E128°05′01.05″)에 위치한다. 공성면 소재지에서 봉산리로 넘어가는 석단로 오른쪽 옆 밭에 위치한다. 지석묘의 상석으로 보이는데 전체 구멍 수는 63개 이상이며, 상부면에 3개가 있고, 북서쪽 모서리 면에 60개를 집중하여 조밀하게 조성했다. 구멍의 깊이가 얕고 대부분 3개의 구멍이 연결되어 나타난다. 삼태성(三台星)을 의도하여 표현한 것이 아닐까 생각된다.

[전경]

[상세 ①]

[상세 ②]

[현황도]

(2) 독립 바위 ②

공성면 소재지에서 봉산리로 넘어가는 석단로 왼쪽 옆 언덕 경사면으로서 (1) 독립 바위 ①에서 350m 북쪽으로 공성면 금계리 86번지(N36°17′55.70″, E128°04′52.47″)에 위치한다. 이곳은 옛 장산(長山) 마을인데 봉산(鳳山) 마을에서 동쪽으로 길게 뻗은 산자락의 끝부분에서 가장 높은 위치(고도 135m)로서 주변의 들판과 마을이 전망된다.

바위 윗면에 동남 방향으로 구멍 84개가 집중적으로 조성되어 있다. 조성 형태를 보면 2개 연결 형태가 6개, 3개 연결 형태가 22개, 기타가 6개이다. 3개 연결 형태는 삼태성(三台星) 신앙을 의도한 표현이 아닐까 생각된다. 지름은 3~11㎝이며, 깊이는 5㎝ 이내이다. 이 바위는 최근 농지 개간으로 주변 흙깎기가 되면서 굴러떨어질 훼손의 우려가 있어 2022년 1월 상주박물관 야외 전시장으로 옮겼다.

[전경]

[상세 ①]

[상세 ②]

[현황도]

4. 공성 이화리

백운산(631.3m)에서 서쪽으로 따라 내려온 자락 끝부분 상이음(上以音) 마을 앞에 조성된 농지 내에 있다. 김천 어모면과 공성면을 연결하는 997번 지방도 옆으로서 현재의 신설된 도로에 의해 주변이 성토되어 구멍 바탕석이 묻혀 있는 현상이다.

위치는 공성면 이화리 345-4번지(N36°15′0.50″, E128°16′19.46″)로서 이화 2리 상리마을 정자나무 아래 독립된 바위에 있다. 바위 윗면에 가장자리 쪽으로 4~5㎝의 성혈 4개가 흩어져 있다. 성혈 사이에는 '해성정(鮮醒亭)'을 새겼으며, 김천시 어모면 문무리에서 이화리로 들어오는 방향에 바위가 절단되었는데 그 절단부 측면에 '경주이씨입안(慶州李氏立案)'이란 암각서가 있다.

[전경]

[상세]

제7절

외남면

1. 외남 소은리

국수봉(439.5m)에서 남쪽으로 뻗어 내린 능선에서 상병리(上丙里)와 지정리(芝丁里) 사이의 능선으로 곶감 공원 주차장 북쪽 산자락에 조성된 밭 옆에 위치한다. 외남면 소은리 434번지(N36°22′36.26″, E128°06′17.63″)로서 바위는 입석 형태로 비스듬히 세워져 있다. 마을에서는 이 바위를 자라바위로 불렀고, 1960년대 마을 청년들이 이유 없이 죽게 되자 바위 때문이라 해서 누워 있던 것을 세웠다고 전한다. 이곳에서는 소은리 마을과 그 앞들이 한눈에 보인다. 바위는 높이 2.5m, 폭 1.5m 정도로서 표면이 거칠고, 철분이 많이 함유된 것 같은 형상이다. 구멍은 상단부에 5개, 아래쪽에 1개의 구멍이 확인되며, 지름은 7~8㎝, 깊이는 1㎝ 내외로서 얕다.

[전경]

[상세]

2. 외남 구서리(안령)

(1) 안령 ①

서산(511.2m)의 북서쪽 안령(鞍嶺)으로 구서 1리 마을 입구 우측에 조성된 묘역 남쪽에 있다. 북쪽의 넓은 들판이 내려다보이는 위치로서 외남면 구서리 890번지(N36°20′05.45″, E128°04′41.76″)이다. 주변에 여러 개의 바위가 있는데 그중에서 가로 0.8m, 세로 0.6m의 알(卵)과 같이 생긴 작은 타원형의 바위에 9개의 구멍을 2개씩 쌍을 이루어 조성했다. 구멍 크기는 지름 2~6㎝이며, 가장 큰 구멍은 지름 6㎝, 깊이 2㎝이다. 조성 방향은 백학산(617.6m)이 있는 서쪽이다.

[전경]

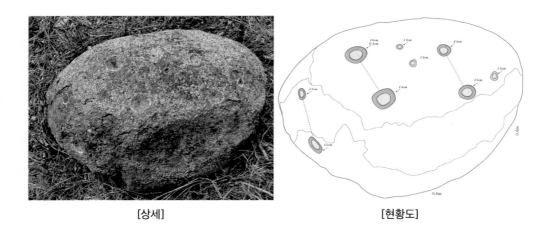

[상세]　　　　　　　　　　　　　[현황도]

(2) 안령 ②

산 정상 방향으로 (1) 안령 ①과 약 124m 위쪽 마을 좌측 밭둑에 위치한다. 외남면 구서리 752번지(N36°20′01.84″, E128°04′44.68″)로서 크고 작은 바위로 밭둑을 만들었는데 밭을 만들면서 이동된 듯하다. 옆에서 본 바위의 모양은 거북 형태이며, 등 부분에 해당하는 윗면에 구멍을 조성했다. 바위는 입자가 큰 화강암으로서 가로 0.9m, 세로 0.4m의 작은 바위로서 지름 4~12㎝의 구멍 8개가 확인되며, 가장 큰 구멍은 지름 12㎝, 깊이 5㎝이다. 구멍은 2개, 3개씩 연결된 형상이나 전체적으로 북두칠성 별자리 형상과 유사하다.

[전경]

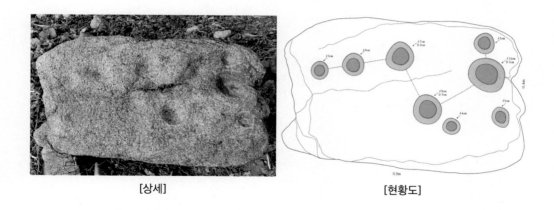

[상세]   [현황도]

모동면, 화동면, 화서면

1. 모동 수봉리

(1) 독립 바위 ①

　모동면 수봉리 87번지(N36°17′49.03″, E127°57′10.25″)에 위치한다. 지장산(772.4m)의 서북쪽으로 석천과 반계천이 합쳐지면서 수봉리와 신천리 일대에 형성된 평야지 중간에 위치한다. 묘지가 조성되어 있으며, 묘지 동쪽에 역암계의 암괴 2개가 솟아 있는데 지름 약 3~5㎝의 구멍 7개가 확인된다. 서쪽 바위에는 중간 부분에 2개, 동쪽 바위에는 서쪽 가장자리를 따라 5개로서 특별한 규칙성은 발견되지 않는다.

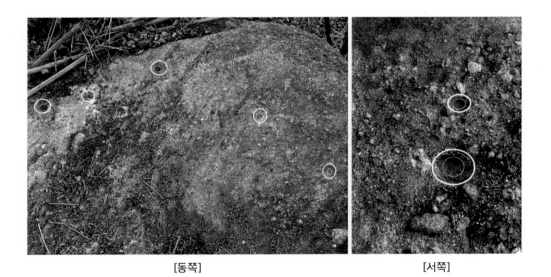

[동쪽]　　　　　　　　　　　　　　　　　　　　[서쪽]

(2) 독립 바위 ②

　모동면 수봉리 325-4번지(N36°17′21.73″, E127°56′48.54″) 포도밭 경작지 가장자리에 위치한다.
(1) 독립 바위 ①에서 남서쪽 직선거리 약 960m에 있다. 주변 지역의 암괴는 역암계이나 이
암괴는 퇴적암계이다. 바탕석은 다듬돌같이 윗면이 평평하고, 지름 약 5㎝의 구멍 2개가 확
인되고 있으며, 주변에 얕은 구멍이 보이나 표면의 침식으로 인한 흔적인지 정밀한 조사가 필
요하다.

[전경]　　　　　　　　　　　　　　　　[상세]

2. 화동 어산리(절티골)

화동면 어산리 458번지(N36°24′14.18″, E128°00′23.93″) 절티골 계곡에 있다. 지형은 무지개산 (441.7m) 남쪽을 따라 내려오는 3개의 작은 계곡이 합쳐지는 지점으로 'V'형을 이룬다. 어산 마을의 어산농장 좌측 계곡 길을 따라 어산로에서 440m 정도 정상 방향으로 올라가면 퇴비 장이 있는데 바위는 퇴비장 바로 위쪽에 있다. 역암과 사암이 섞여 있는 바위로서 길이 5m, 폭 2m 정도로 남북으로 길게 돌출된 암괴 상부면에 구멍을 조성했다.

바위구멍은 3개이며, 'Y'자형으로 연마한 흔적도 있다. 구멍은 역암 면에 지름 12~14㎝, 깊 이 12㎝ 1개가 있고, 사암 면에는 지름 4㎝, 깊이는 1㎝ 2개와 'Y'자형은 길이 45㎝+52㎝, 깊 이 3㎝ 정도로서 중간에 '◇'형 모양이 있다. 이 바위구멍은 계곡 지형이 'V'형인 것과 바위에 새긴 모양이 'Y'자형인 것이 서로 연관성이 있는 것으로 보이며, 여성의 성기를 의도적으로 표 현한 것이 아닌가 생각된다.

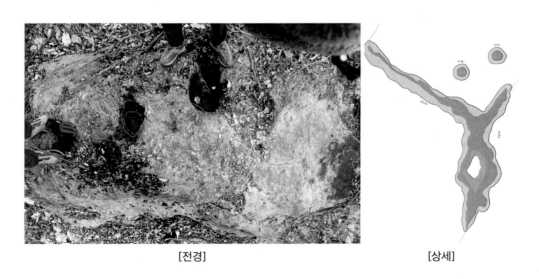

[전경]　　　　　　　　　　　　[상세]

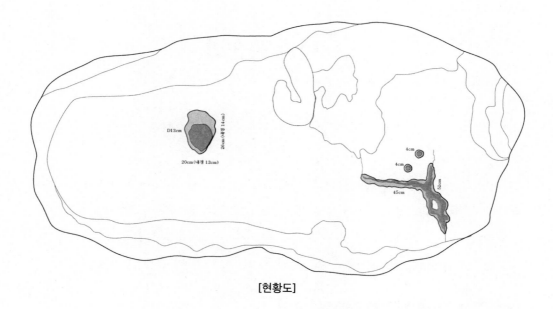

[현황도]

3. 화서 하송리

　화서면 하송리 청계골 412번지(N36°29′14.55″, E127°57′30.43″)와 313번지 사이 하송3길 옆 계곡 방향으로 비스듬하게 놓인 바위의 측면과 상부면에 여러 개의 자연 구멍이 있는데 그중에서 5개에 인공의 흔적이 있다. 이곳의 화북에는 자연 구멍이 많은 바위가 있어 인공과 자연 홈의 분간이 쉽지 않다. 구멍 크기는 4~12㎝로 깊이는 4㎝ 이내이다.

[전경]　　　　　　　　　　　　　　　　[현황도]

제9절

화북면

1. 화북 용유리(동천암)

　　화북면 용유리 264-4번지(N36°34′10.62″, E127°55′36.93″)로서 동천암(洞天巖) 옆에 위치한다. 서쪽에는 용유 계곡이 있고, 동천암과 청화로의 경계에 자연석으로 축대를 겸한 조경을 하였는데 조경석 2개에 바위구멍이 있다. 주변에는 화강암으로 바위의 입자가 굵으나 이 바위 바탕 면은 비교적 고르고 퇴적암에 가까운 석질이고, 하나는 조경석으로 쌓으면서 모서리가 파손되었다. 주변의 석질과 다르고 표면에 수마(水磨)의 흔적이 있으며, 구멍의 위치로 볼 때 인접해 있는 용유 계곡이나 다른 곳에서 이동된 바위로 추측된다. 구멍은 파기 어려운 옆면에서 확인되는데 하나는 8~9㎝ 크기 2개, 다른 하나에는 3~5㎝ 크기 13개가 있다.

[전경]　　　　　　　　　　　　　　　　　[상세]

2. 화북 중벌리

화북면 중벌리 650번지(N36°36′12.78″, E127°49′33.47″)로서 화북초등학교 용화분교 북쪽에 위치한다. 벌들 마을의 동신목인 느티나무 아래 길이 3.6m, 폭 1.5m의 장방형 바위로 동제에 이용된 바위가 있다. 이 바위 남쪽 가장자리를 따라 구멍 7개를 조성하였는데 규모는 지름 5~14㎝, 깊이 1~5㎝이다.

[전경]

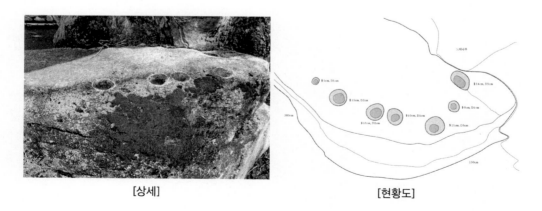

[상세]   [현황도]

3. 화북 장암리

　화북면 장암리 1007번지(N36°34′16.51″, E127°53′19.41″)로서 속리산 국립공원 안 문장대2길 주차장 옆에 있다. 지름 8m 정도의 둥근 바위 윗면에 5개를 조성했는데 가운데 높은 부분에 2개, 가장자리 끝부분에 3개이다. 규모는 지름 4~10㎝, 깊이 1~5㎝이다. 이 바위는 화북면 일대 분포된 구멍이 많은 화강암 특성 때문에 자연 홈과 인공 홈의 구별이 쉽지 않다.

[전경]

[상세 ①]　　　　　　[상세 ②]　　　　　　[현황도]

제10절

외서면

1. 외서 봉강리(각골)

외서면 봉강리 478번지(N36°27′52.14″, E127°07′51.14″) 각골 입구에 위치하며, 천봉서로에 접한다. 남쪽 직선거리 약 800m에는 삼국시대 고분군이 위치한다. 노음산(725.5m)과 천봉산(436.6m) 사이의 북쪽 계곡으로서 노음산의 북쪽 능선의 끝부분에 직경 10m 내외의 외형이 둥글고, 도로 쪽으로 경사진 평평한 암반이 노출되어 있는데 가장 높은 곳과 중간에 전체 3개를 조성했다. 규모는 지름 8㎝ 깊이 2㎝ 1개, 지름 5㎝ 깊이 1㎝ 1개, 지름 4.5㎝ 깊이 2㎝ 1개이다. 주변에는 자연 구멍이 여러 개 있다.

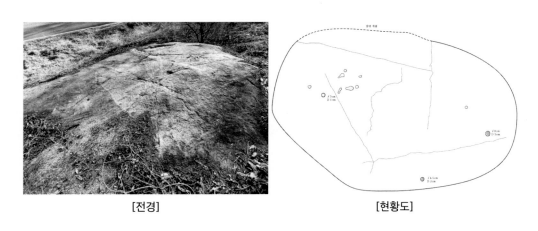

[전경]　　　　　　　　　　　　　[현황도]

2. 외서 봉강리(황바위골)

외서면 봉강리 산220번지(N36°27′41.53″, E127°08′03.27″) 황바위골에 위치하며, 천봉서로에서 농로를 따라 직선거리 약 350m 천봉산 정상 방향으로 들어가야 한다. 각골 입구의 바위구멍과는 남동쪽으로 약 420m 거리이며, 수직 높이 약 20m의 둥근 암반이 솟아 있는데 위쪽 가장자리에는 자연적으로 생긴 구멍이 여러 개 있다. 바위구멍은 정상 중앙에 2개를 조성했다. 규모는 지름 9㎝ 깊이 2㎝ 1개, 지름 6㎝ 깊이 1㎝ 1개이다. 이곳에서는 봉강리와 이천리 등 주변이 넓게 전망된다.

[전경]   [상세]

제11절

남원동

1. 연원동(수석정)

상주시 연원동으로 노음산(725.5m)에서 시내 쪽으로 내려온 능선의 끝부분 백두대간의 동쪽 내서면 일대의 수계가 북천에 물이 모여 암벽과 마주치는 지점으로서 오공지형(蜈蚣之形)의 지네 입에 해당하는 곳이다. 북동쪽에는 흥암서원이 있으며, 암벽 위에는 규천(虬川) 전극항(全克恒, 1591~1637)이 세운 수석정(水石亭)의 암각서가 있다. 이곳에는 2곳의 바위에 전체 5개의 바위구멍이 있다.

(1) 독립 바위

연원동 855-1번지(N36°25′01.49″, E128°08′07.37″)로서 산의 끝부분과 북천이 마주치는 곳에 돌출된 '산(山)'자형의 바위 옆면에 5개 구멍이 확인된다. 크기는 지름 5~14cm로 큰 구멍의 깊이는 4cm이다. 구멍은 북서쪽 산 능선 쪽에서 동남쪽 상주 시내의 개방된 방향으로 조성했다.

[전경]

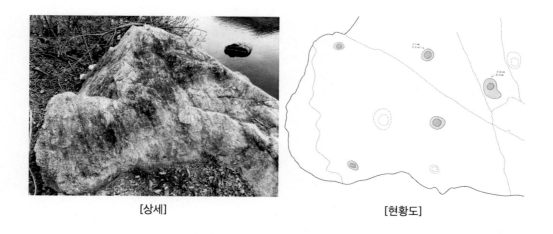

[상세]   [현황도]

(2) 암벽

(1) 독립 바위에서 동쪽으로 약 15m 거리에 양쪽으로 돌출되어 튀어나온 바위 사이 경사진 암벽에 있다. 연원동 855-1번지(N36°25′02.29″, E128°08′08.33″)로서 구멍 1개가 확인된다. 암반은 일부가 흙으로 덮여 있는 상태인데 흙을 제거하면 구멍이 더 있을 것으로 보인다. 구멍 크기는 지름 12㎝, 깊이 6㎝이다.

[전경]   [상세]

2. 연원동(신장상)

　낙양동과 연원동 경계 지점인 연원동 825-1번지(N36°24′56.53″, E128°08′35.11″) 국도 옆에 위치하며, 노음산 자락이 멈추어 북천이 범람하여 생긴 평지로서 잦은 홍수에 노출되던 곳이었다. 바위 형상은 높이 1.4m, 폭 0.85m의 밑면이 넓고 윗면이 좁은 독립된 사암 바위이다. 신장상은 경사진 서남향 평평한 면에 새겼다.

　신장상의 머리 부분에 구멍이 조성되었는데 얼굴에 3개를 조성하여 얼굴을 알아볼 수 없으며, 좌우에 각 1개씩 전체 5개의 구멍이 확인된다. 구멍 크기는 지름 5~12㎝, 깊이 2~5㎝이다. 확인된 구멍 이외에도 윗부분에 여러 개의 구멍 형상이 보이고 있으나 사암으로서 표면 박리가 심해 자연 홈과 인공 홈의 구분이 어렵다. 지금 이 바위는 국도 25호 확장공사로 인해 상주박물관 전정으로 옮겨졌다.

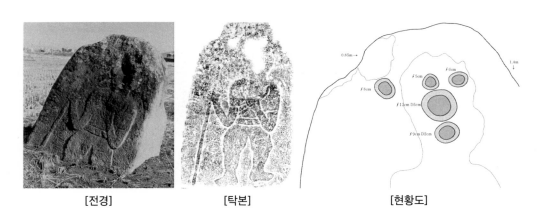

[전경]　　　　　　　[탁본]　　　　　　　[현황도]

제12절

동문동

1. 서성동(왕산 역사공원)

서성동 163-48번지(N36°25′00.12″, E128°09′43.76″) 왕산의 남쪽 아래에 비석군이 조성되어 있다. 전체 15기로서 1966년(丙午) 7월 7일 왕산 수축(修築) 때 무양동, 냉림동 비석거리 등 시내에 흩어져 있던 비를 옮겨 왔다. 박인양 영세불망비(商山朴寅陽永世不忘碑), 추광엽 영세불망비(秋溪秋光燁永世不忘碑), 강봉언 영세불망비(首橡姜奉彦永世不忘碑), 정상우 송덕비(營將鄭公祥瑀頌德碑), 신현구 기념비(郡守申鉉求記念碑), 이한 유애비(尙鎭節制使李候遺愛碑), 박시은 송덕비(故首橡朴公時殷頌德碑), 민종열 송덕비(故牧白閔種烈頌德碑), 박헌양 송덕비(牧使朴候憲陽頌德碑), 홍한주 애민선정비(牧使洪候翰周愛民善政碑), 서홍보 송덕비(牧使徐候興補頌德碑), 이초로 애민비(牧使李候淸簡愛民碑), 박재인 송덕비(觀察使朴公齋寅頌德碑), 이인하 거사비(營將李公仁夏去思碑), 소방조 기념비(消防組記念碑)가 있다. 이 비 중에서 3개의 비좌에서 바위구멍이 확인된다.

(1) 영장 이인하 거은비(營將李公仁夏去恩碑)

이인하(李仁夏)는 1654년부터 1655년까지 상주 영장을 역임했다. 본관은 경주(慶州). 자는 하숙(夏叔)이다. 비를 1656년(효종 7) 12월에 세웠고, 그 이후 1874년(고종 1) 8대손 이문흠(李文欽, 1839~?)이 기록하고, 이명구(李明九, 1799~1874)가 글을 써서 새로 세웠다. 귀부 머리와 몸체에 바위구멍 28개가 있다. 석질이 사암으로 내구성이 약해 표면 박락이 상당히 심하게 진행되었는데 어느 때인지 시멘트 모르타르로 구멍을 메웠다. 1656년 처음 비를 세우고, 1874년경에 새로 세운 정황으로 보아서는 1874년경 새로 세운 이후에 바위구멍을 조성한 것 같다. 이 비는 처음 세운 곳을 알 수 없으나 1966년 이곳에 옮겨 세웠다.

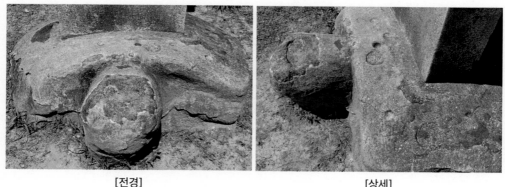

[전경] [상세]

(2) 목사 서흥보 송덕비(牧使徐候興輔頌德碑)

서흥보는 1819년부터 1823년까지 상주 목사를 역임하였으며, 본관은 달성(達成), 자는 기재
(起哉)이다. 1860년 4월에 무양동 201번지(N36°25′22″, E128°9′25″)에 건립되었는데 1966년 왕산
수축공사를 하면서 이곳으로 옮겨 세웠다. 바위구멍은 전체 4개로서 좌측 뒤쪽 모서리에 지
름 6㎝, 좌측면, 좌측 앞쪽, 우측 앞쪽 모서리에 지름 3㎝로 깊이가 얕은 구멍이 각각 1개씩
있다.

[좌측면] [우측면]

(3) 관찰사 박재인 송덕비(觀察使朴公齊寅頌德碑)

　박재인은 1875년부터 1877년까지 경상도 관찰사를 역임하였으며, 본관은 반남(潘南), 자는 치량(稚亮)이다. 1879년 8월에 무양동 200번지에 건립되었는데 1966년 왕산 수축공사를 하면서 이곳으로 옮겨 세웠다. 귀부 머리의 우측 상부에 구멍 지름 6㎝, 깊이 3㎝ 1개를 조성했다. 비좌의 석질은 역암 계통으로서 수마된 바탕 원형 알갱이 돌이 빠진 자국에 구멍을 조성한 것으로 보인다.

[전경]　　　　　　　　　　　　　　[상세]

2. 복용동

(1) 당간지주

상주시 복용동 207-2번지(N36°25′02.16″, E128°10′28.79″)로서 상주 시내 동쪽에 있는 당간지주 받침돌에 있다. 이곳은 동방사(東方寺)의 옛터로 전해지고 있으며, 당간지주는 통일신라 시대에 조성됐다. 바위구멍은 두 지주 사이에 당간을 받치던 받침돌 좌측 모서리에서 1개가 확인된다. 일반적으로 불교 등 종교 제반 석조물에서는 바위구멍이 잘 나타나지 않는다.

이는 불교의 석조물이라는 신격의 상징물로서 그곳에 축원하는 것은 효험과 의미가 없기 때문으로 생각된다. 그러나 여기에 바위구멍을 조성하였다는 것은 동방사가 폐사되고, 불교 의미와 상징성이 사라진 후에 구멍을 조성한 것으로 추측된다. 따라서 바위구멍 조성의 관습은 선사시대부터 역사시대로 계속 이어져 왔음이 확인되는 유적 중의 하나이다.

[전경]　　　　　　　　　　　　　[상세]

(2) 유적 발굴지

복용동 지하차도 설치공사를 하면서 2005년 12월 3일 실시한 발굴조사 때 발견된 인봉동 10번지((N36°25′7″, E128°9′55″) 일대의 구멍이다. 상부면이 평평하여 건물의 초석으로 쓰였을 것으로 보이는 바위에 총 5개의 구멍이 있다. 구멍이 하나의 선형으로 연속되고, 한쪽 면이 절단된 모양이며, 어떠한 규칙에 따라 2~3개씩 연결된 형상으로서 북두칠성을 표현한 것이 아닌가 생각된다.

[전경]

[상세 ①]   [상세 ②]

3. 도남동(도남서원)

상주시 도남동 산39번지(N36°26′24.29″, E128°15′15.48″) 도남서원 경내 동재(東齋, 遜學齋)의 축대 모서리에 위치한다. 축대 상부 덮개석의 상부에 있는데 축대 조성을 하면서 다른 곳에서 반입된 석재인지, 이곳에 원래 있었던 석재인지는 알 수 없다. 그 상부면에 1개가 확인되는데 크기는 지름 5.5㎝, 깊이는 2㎝ 정도이다.

[전경]

[상세]

4. 외답동(북망단)

　상주시 외답동 549-3번지(N36°25′19.15″, E128°12′10.58″) 새터 마을로서 독립된 해발 85.5m의 낮은 산이다. 경천로 옆 창녕 성씨 묘역 아래 서북쪽 산 능선에 위치하며, 「상주시 문화유적 분포지도」에는 '외답동 지석묘군'으로 조사된 지역이다. 타원형의 화강암 바위가 산 능선 경사면에 따라 서향으로 놓여 있는데 윗부분에 3개, 아랫부분에 1개를 조성했다. 크기는 가장 위쪽의 1개는 지름 6cm, 깊이는 2cm, 그 아래쪽 5개는 지름 5cm로서 깊이는 1cm 이내이다.

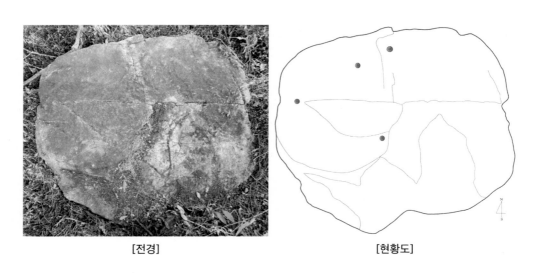

[전경]　　　　　　　　　　　　　　　[현황도]

5. 외답동(관음정사)

　상주시 외답동 140번지(N36°24′47.86″, E128°12′00.53″, 해발 142m) 노곡동 마을로서 식산(390m) 북쪽 아래이며, 마을에서는 가장 높은 남쪽 상단부에 위치한다. 대한불교 조계종 관음정사의 법당 뒷면 모서리와 외답1길이 마주치는 도로 옆에 있다. 암반으로서 북쪽 가장자리 쪽에 지름 11㎝, 깊이는 2㎝ 1개를 조성했다.

[전경]

[현황도]

6. 화개동

　상주시 화개동 95번지(N36°24′56.41″, E128°11′09.52″)로서 식산(息山)의 서북쪽 능선의 계곡으로 돌고개의 북동쪽이다. 이 계곡의 동쪽 상부와 식산 자락을 넘어 외답동의 지표에서 두형토기(豆形土器)와 시루(甑) 등 초기 철기시대 유물이 다수 출토되는 지역으로 근래에 벽돌, 레미콘 공장 등이 들어서면서 개발되었다. 계곡은 앞에 남천에 접하고, 해발 55m~58m의 경사진 다랑논으로 형성되어 있으며, 복류수가 많은 계곡이다.

　바위는 해발 58m의 휴경지 안에 있는데 현재 확인되는 바위는 4개이나 원래는 칠성바위 형태로 있었던 것 같다. 바위는 'W'자 형태로 놓여 있으며, 가장 아래쪽에 있는 바위는 재단을 앞에 둔 두꺼비 형상의 바위로서 오랫동안 마을 신앙의 대상으로 이용되었던 것 같다.[37] 바위구멍은 아래에서 4번째에 있는 길이 1.2m, 높이 0.9m의 삼각형 바위 꼭짓점 부분에 지름 6㎝, 깊이 3㎝의 구멍 1개가 있다.

---

37 한글학회, 한국지명총람 5(경북편 2), 2001, 241쪽

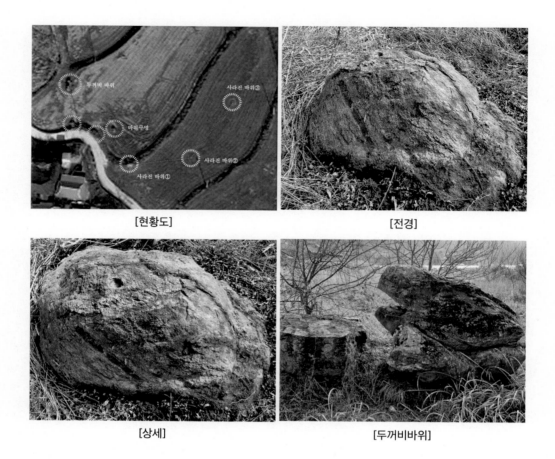

[현황도]

[전경]

[상세]

[두꺼비바위]

제13절

북문동

1. 만산동 자산(외서골)

(1) 만산동 암반 ①

상주시 만산동 산81번지(N36°25′28.74″, E128°08′44.81″)로서 자산 마을 뒤 계곡의 옛 경작지에 위치한다. 자산산성(紫山山城)[38] 해발 216m와 213.8m 고지 사이 남문 터 아래로서 해발 118m 정도이며, 바로 앞쪽에는 북천이 있고, 그 앞쪽으로 시내가 전망되는 남향이다. 북천 바위구멍과는 직선거리 360m 정도로서 등산로 우측에 접해있다. 주변에는 암괴가 여러 개 흩어져 있고, 우측의 계곡을 넘어 산 정상 방향 능선에는 일제강점기의 옛 채석장이 있다. 바위 크기는 길이 365㎝, 폭 220㎝로서 바위의 가장 높은 지점에 지름 7㎝, 4㎝, 3㎝의 구멍 3개가 있다. 그 아래쪽 우측에는 의도적으로 바위를 파낸 흔적이 있는데 바위구멍과 연관성이 높은 것으로 생각된다.

[전경] [상세]

---

38 김상호, 상주 자산 산성, 상주 문화연구(제28집), 경북대학교 상주문화연구소, 2008, 163쪽

(2) 만산동 암반 ②

(1) 만산동 암반 ① 바위에서 해발 223m 고지 방향으로 약 5m 위쪽(N36°25′29.21″, E128°08′44.36″)에 위치한다. 노출된 부분은 가로 220㎝, 폭 100㎝로 탁자형 암반이 경사지에 돌출되어 있는데 상부면 가장자리에서 안쪽으로 크고 작은 구멍을 조성했다. 이 바위 위쪽에는 과거 경작지로 이용되었고, 이 바위는 경작할 때 밭둑으로 이용되었던 흔적이 있다. 규모는 지름 6㎝, 깊이 4㎝ 2개, 지름 5㎝, 깊이 3㎝ 3개, 지름 4㎝, 깊이 2㎝ 3개, 지름 1~3㎝, 깊이 1㎝ 이내의 구멍 14개로 확인되는 구멍은 전체 22개이다. 큰 구멍 3개 주변으로 작은 구멍들이 이어져 있으며, 전체적인 형태는 3개씩 이어지는 삼태성형이다.

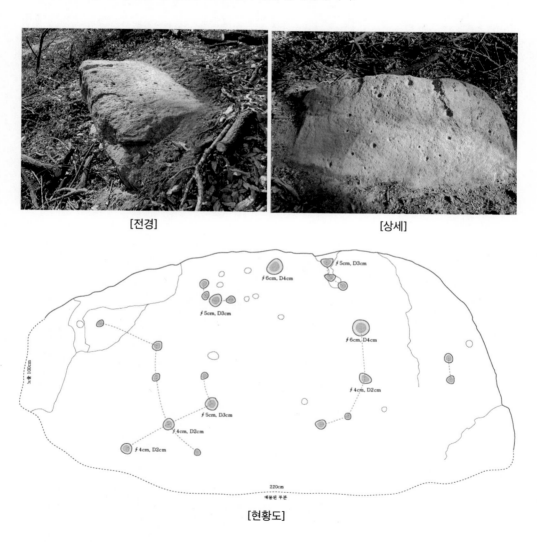

[전경]   [상세]

[현황도]

(3) 만산동 암반 ③

(1) 만산동 암반 ① 바위에서 해발 216m 고지 방향으로 약 30m 위쪽(N36°25′30.05″, E128°08′45.65″)에 위치한다. 산에서 내려오는 도랑 옆 절벽에 있으며, 주변에는 석축 등 경작의 흔적이 남아 있다. 노출된 바위는 가로 300㎝, 폭 100㎝로 동쪽에서 서쪽으로 경사진 암반의 경사면 왼쪽에 지름 9㎝, 깊이 3㎝ 구멍 1개를 조성했다.

[전경]　　　　　　　　　　　　　　　　[상세]

(4) 만산동(벼락바위)

천봉산(436.6m) 정상에서 동쪽으로 따라 내려온 자락으로 만산동 바깥너추리 마을 뒤쪽의 절골과 산골 사이 해발 약 120m 지점에 있다. 마을에서는 '벼락바위'란 이름으로 불리는 바위로서 독립된 바위 중간이 남북으로 갈라져 있다. 바위에는 식당을 조성하면서 조경 시설의 하나로서 바위와 나무 아래에서 휴식을 할 수 있도록 방부목 바닥을 만들고, 바위에는 '소원바위'란 안내판을 붙였다. 원래 지형은 바위 주변에 흙과 돌이 채워져 바위 위로 자유롭게 올라갈 수 있는 지형이었으나 어느 시기에 인위적으로 주변이 삭토되었던 것 같은 지형이다.

위치는 만산동 40-11번지(N36°26′33.66″, E128°9′6.73″)로서 2개, 3개, 4개, 7개 단위로 6개군으로 22개가 윗면에 조성되었으며, 동서로 갈라진 바위 동쪽에 3개, 서쪽에 19개가 있다. 특이한 것은 서쪽으로 물길 형상으로 연결된 모양이며, 중간의 군은 7개가 갈라진 바위 홈에 따라 아래로 집중적으로 조성했다. 크기는 지름 8~12㎝, 깊이는 8㎝ 이내이다.

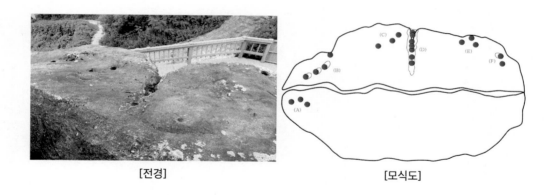

[전경]   [모식도]

(5) 만산동 북천

만산동 744번지(N36°25′24.25″, E128°08′56.03″)에 위치한다. 이곳은 자산교 하류의 북천의 하상으로서 해발 고도는 52m이다. 시내의 고도는 56m 정도로서 4m 정도 낮다. 북천 하상 해발 높이는 낙동강 보를 설치하기 전에는 시내와 하상의 고도가 비슷하였다. 그러나 낙동강 보 준설 이후 북천의 하상이 침식되면서 하상에 묻혀 있던 옛 생활 터전의 바위들이 드러나면서 이 구멍이 발견되었다.

구멍은 여러 개가 있었던 것으로 보이나 맨눈으로 확인되는 구멍 수는 2개뿐이다. 이는 북천의 급류에 의해 표면이 수마(水磨)되면서 가장 큰 구멍만 남아 있는 것으로 보인다. 이 구멍 바위의 발견으로 인해 바위에 구멍을 조성하던 시대에는 시내의 고도가 해발 52m 이하였다는 것을 증명하는 것이다. 따라서 시내는 북천의 범람과 인류의 생활지로 이용되면서 현재와 같이 해발 높이가 높아진 것을 방증하는 바위구멍 유적이기도 하다.

[전경]   [상세]

(6) 만산동 당산

안녀추리 마을인 만산동 482번지(N36°26′3.15″, E128°3′5.92″) 마을회관 앞에는 당산나무가 있고, 그 나무 주변에 석축 단을 쌓고 나무 밑에는 돌탑을 조성했다. 단 위에는 '火'자를 새긴 바위를 남쪽과 동쪽에 각 1개씩 세웠는데 남쪽 입석은 뾰족한 자연석이며, 동쪽 입석은 면이 평평하고 둥근 사모(紗帽)형의 입석이다. 의미에 관한 구체적 연구는 없으나 동쪽 입석은 문(文), 남쪽 입석은 무(武)로서 문무관(文武官)을 뜻하며, 새겨진 화(火)자는 마을 뒤쪽 성황사 계곡의 엄습한 기운을 방어하기 위한 비보(裨補)를 한 것이 아닐까 생각된다. 동쪽 입석 상부 가운데에 지름 약 5㎝의 구멍 1개가 있다.

[전경]　　　　　　　[상세 ①]　　　　　　　[상세 ②]

당산나무 아래 서쪽 축대에는 절단된 바위에 지름 13㎝, 깊이 12㎝의 구멍 1개가 있는데 곡식 찧는 방아의 돌확의 용도로서는 구멍의 규모가 작은 것으로 보아 동제(洞祭)의 제물 마련에 사용되었을 것으로 생각된다. 바위의 형상은 삼각형으로 우측부가 자연적으로 절단되었다. 잔존 길이 65㎝, 너비 45㎝로 구멍의 상단부터 아래로 경사지게 잘려 나갔다. 절단된 잔여 부분이 주변에서는 확인되지 않는다.

[전경]

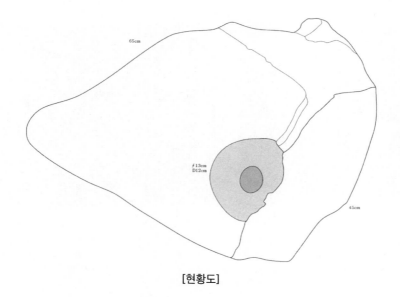

[현황도]

2. 만산동 바깥너추리(마을회관)

　만산 1동 마을회관 앞마당으로서 당산나무 아래 큰 암반이 노출되어 있는데 만산6길과 7
길이 서로 연결되는 좁은 마을 안길 중간에 있다. 위치는 만산동 91-6번지(N36°26′28.47″, E128°
09′14.58″)이다. 주변에 큰 바위가 흩어져 있고, 암반이 돌출된 암반이 있는 것을 볼 때 암반
의 돌출부로 보이며, 지름 6㎝, 깊이 2㎝와 지름 8㎝, 깊이 4㎝의 구멍 2개를 동서로 연결하
여 조성했다.

[전경]　　　　　　　　　　　　　　　　　[상세]

3. 만산동 바깥너추리(장지샘)

만산 1동 만산6길에 접해 있으며, 장지샘 동쪽에 있다. 위치는 만산동 156번지(N36°26′ 27.36″, E128°09′15.45″)이다. 바위의 형상은 마을이 있는 서쪽에서 볼 때 거북의 형상으로서 거 북의 어깨 부위에 1개를 조성했다. 지름 5㎝, 깊이는 1㎝ 이내로서 구멍의 깊이가 얕다.

[전경]

[상세]

4. 남적동(장고개골)

남적 1동 마을 동쪽 장고개골과 분동골 사이에 천봉산 자락을 따라 내려온 낮은 동산의 서쪽 농로에 접한 도랑에 있다. 남적동 612-23번지(N36°27′52.18″, E128°09′06.14″)로서 바위는 남북으로 길게 놓여 있는 편마암의 독립 바위이다. 길에 접한 부분의 바위는 농로 조성을 위하여 일부 절단된 형상이며, 면이 고르지 못하다. 바위구멍은 길옆 사면에 1개, 상부 중앙 부분에 12개를 조성했다. 구멍 크기는 지름 2~6㎝, 깊이는 1~4㎝이다.

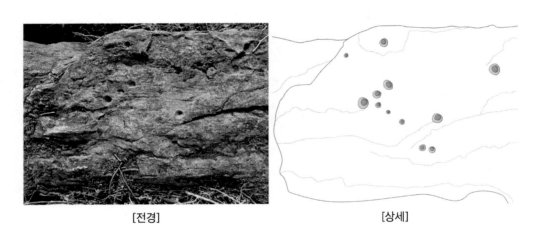

[전경]   [상세]

5. 남적동(무문토기 산포지)

국도 3호선, 경북선 철도와 외서천이 접해 있으며, 남적동, 초산동의 마을과 외서천을 건너는 곳으로 교통이 빈번한 곳이다. 천봉산(436.6m)에서 남적동까지 따라 내려오는 마지막 능선으로 위치는 남적동 산1-2번지(N36°27′52.39″, E128°09′55.80″)이다. 두루봉골을 중심으로 좌측에는 해발 158m, 우측에는 114.9m 고지가 있는데 우측 고지 정상에서 아래쪽으로 약 50m 간격을 두고 3개의 독립 바위에 전체 14개의 구멍을 조성했다. 이곳은 무문토기 산포지로서 와질 토기편이 확인되며, 청동기에서 원삼국시대 유적지로 조사된 지역이다.[39] 바위의 석질은 사암 계통으로써 풍화작용으로 인해 표면의 박락이 심하다. 114.9m 고지에서는 외서천과 외서 개곡리, 사벌 원흥리, 초산동 등 그 주변 일대의 농경지가 전망되며, '남적 1동 바위구멍' 유적과는 직선거리 약 1.1㎞ 떨어져 있다.

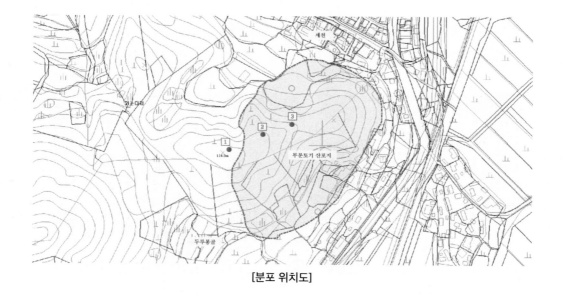

[분포 위치도]

---

39 문화유적분포지도(상주시), 상주시·경상북도문화재연구원, 2002, 287쪽(일련번호 70, 상주 남적동 무문토기 산포지)

(1) 독립 바위 ①

정상부인 114.9m 고지 북쪽 면에 위치(N36°27′52.39″, E128°09′55.80″)하며, 동서로 길게 놓인 독립 바위의 수직면에 3개, 상부면에 9개의 구멍을 조성했다. 수직면에는 서쪽 하단부에 지름 4~5㎝, 깊이 3㎝ 2개, 남쪽 하단부에는 지름 8㎝, 깊이 3㎝ 1개, 상부에는 지름 4~8㎝, 깊이 2~7㎝ 9개로서 전체 12개의 구멍을 조성했다.

[전경]   [상세 ①]   [상세 ②]

(2) 독립 바위 ②

(1) 독립 바위 ①에서 약 50m 아래쪽에 위치(N36°27′51.71″, E128°09′55.08″)한다. 바위가 동쪽으로 경사져 있으며, 경사면 상단부에 지름 5㎝, 깊이 3㎝ 구멍 1개를 조성했다.

[전경]   [상세]

(3) 독립 바위 ③

　남북으로 길게 놓인 독립 바위로서 (2) 독립 바위 ②에서 약 50m 아래쪽에 위치(N36°27′ 52.90″, E128°09′57.30″)한다. 여러 개의 바위가 겹쳐져 있으며, 능선 방향의 바위 상단부에 지름 8㎝, 깊이 3㎝ 구멍 1개를 조성했다.

[전경]　　　　　　　　　　　　　　[상세]

6. 남적동(세천)

　세천 마을 뒤쪽으로 남적동(무문토지산포지) 서북쪽 능선의 정상 해발 106m의 민묘 옆에 있
다. 길이 75㎝, 폭 55㎝, 뒷길이 45㎝의 작은 사암 독립 바위로서 남적동 산2-1번지(N36°27′
55.47″, E128°09′49.93″)에 위치한다. 규모는 지름 6㎝, 깊이 2㎝ 1개, 그 옆에 형태가 잘 나타나
지 않는 지름 4㎝, 깊이 1㎝ 1개로서 전체 2개의 구멍이 있고, 근래 조성된 것으로 보이는 작
은 구멍이 2개 확인된다. 이 바위 약 40m 아래에는 '서기 1974年 김경수'로 보이는 암각서가
있다.

[전경]

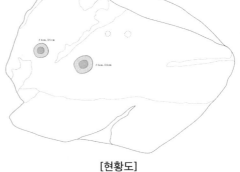
[현황도]

7. 부원동(지석묘)

초림이 마을 입구인 부원동 113-1, 113-3번지(N36°27′30.44″, E128°09′48.29″)에 위치한다. 이 곳에 7개가 있어 주민들은 칠성바위라고 부르며, 신성하게 관리했다. 지금은 바위 5개만 확인이 된다. 지석묘로 조사되었으며[40], 바위 사이에는 민묘 4기가 조성되어 있다. 민묘 사이에 북동쪽으로 바위가 선을 이루고 있는데 마을 쪽에 있는 바위 3개에서 구멍이 확인된다. 마을 주민은 앞쪽에 가장 큰 바위가 있었는데 그 바위는 어느 시기에 없어졌다고 한다. 옛 국도와 마을 진입로 확장을 하면서 훼손한 것으로 추측된다.

바위 ①은 113-3, ②와 ③은 113-1번지에 위치한다. ①은 남쪽 사면에 지름 7~8㎝, 깊이 2㎝ 3개, ②는 서쪽 가장자리에 지름 8~9㎝, 깊이 3~4㎝ 2개, ③은 북쪽 가장자리에 지름 8㎝, 깊이 1㎝의 크기이며, 전체 6개의 구멍을 조성했다.

---

40 문화유적분포지도(상주시), 상주시·경상북도문화재연구원, 2002

[전경]

[바위 ① 상세]

[바위 ② 상세]

[바위 ③ 상세]

제14절

계림동

1. 계산동

(1) 와룡산 ①

우석여고 뒤쪽 와룡산 정상 남쪽 사면으로서 위치는 계산동 88-1번지(N36°25′43.06″, E128°9′51.55″)이다. 현재의 지형은 학교를 조성하면서 남쪽 아래는 삭토가 되었고, 정상 부근에는 독립 바위가 여러 개 있다. 학교 체육관 지붕 동쪽 끝 지점 대나무밭 일대에는 비교적 큰 바위가 노출되어 있으며 채석한 흔적이 남아 있다. 그 위쪽 독립 바위의 중간이 갈라져 있는데 남쪽에서 보면 바위의 왼쪽 상단과 남쪽 사면에 18개가 조성되어 있다. 크기는 지름 10~3㎝, 깊이는 1~4㎝ 이내로서 3개씩 짝은 이루어지는 삼태성 형태이다.

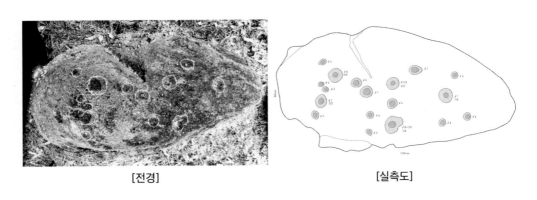

[전경]　　　　　　　　　　　　　[실측도]

(2) 와룡산 ②

(1) 와룡산 ① 바위에서 서남쪽으로 5.6m 지점으로서 위치는 계산동 88-1번지(N36°25′43.52″, E128°9′51.16″)이다. 독립된 바위에 1개가 조성되어 있는데 지름과 비교하면 깊이가 기계로 뚫은 것같이 깊다. 위에서 본 바위의 모습은 거북이나 성기의 형상이며, 크기는 지름 5㎝,

깊이는 4㎝이다. 이 바위구멍은 작은 바위에 깊게 조성된 것으로 보아 기원을 위한 구멍보다
는 불씨를 만들기 위해 장기간에 걸쳐 이용한 구멍으로도 생각해 볼 수 있다.

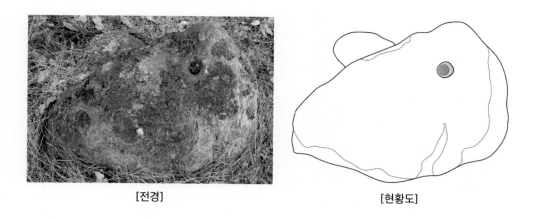

[전경]   [현황도]

(3) 와룡산 ③

(1) 와룡산 ① 바위에서 동남쪽 우석여고 방향으로 10m 정도 아래에 있다. 계산동 산88-1
번지(N36°25′42.67″, E128°9′51.98″)로서 독립 바위 여러 개가 돌출되어 있는데 바위가 잘린 채석
흔적으로 보아 채석장으로 이용된 것 같다. 남쪽으로 가장 높게 돌출된 바위 정상에 크기는
지름 2.5㎝, 깊이는 1㎝ 이하의 작은 구멍 2개가 있다. 바위 서쪽 옆면에는 자연적으로 생긴
문양이 있다.

[전경]   [상세]

(4) 와룡산 ④

　(3) 와룡산 ③ 바위에서 동쪽 산 정상으로 20m 정도 위에 있다. 계산동 산88-1번지(N36°25′43.39″, E128°9′53.03″)로서 등산로에 독립 바위 2개가 낮게 돌출되어 있는데 큰 바위에 동쪽으로 가장자리에 1개가 있다. 구멍 크기는 지름 10㎝, 깊이는 1㎝ 이하이다.

[전경]　　　　　　　　　　　　　　　　　　　　　　　[상세]

(5) 빙고산

　계산동 산21-3번지(N36°25′27.05″, E128°10′23.01″)로서 빙고 마을 동쪽 끝자락 하단부 빙고산과 아리랑로 사이에 있는 폐축사 옆에 있다. 이곳 아래에는 깊은 도랑이 있었고, 도랑 옆을 따라 '한개들'로 나가는 옛길이 형성되어 사람의 왕래가 잦은 곳이다. 독립 바위로서 일부는 축사 벽체 아래에 들어가 있고 전체 확인을 할 수 없으나 위쪽에서 이동된 듯하다. 구멍은 전체 6개 정도가 길게 연결된 형상이며, 큰 곳은 지름 8㎝, 깊이 3㎝ 정도로서 구멍 2개가 미끄러지듯이 길게 조성되었으며, 그 아래쪽에 지름 3~5㎝, 깊이 2㎝ 정도의 4개가 연결되어 나타난다. 이렇게 구멍과 구멍이 중첩되어 가장자리로 연결된 조성 형상은 만산동의 '벼락바위' 바위구멍과 유사하다.

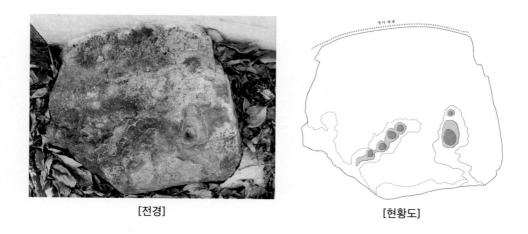

[전경]　　　　　　　　　　　　　　　[현황도]

(6) 계산 철교

　계산동 523번지(N36°25′28.61″, E128°10′06.08″)로서 북천 쪽 빙고 마을 입구이다. 경북선 철도의 북천 철교 점촌 방향 옹벽 양쪽 날개벽 상부 콘크리트 면에 새겼다. 철도는 1924년 12월 25일 개통되었는데 철도 아래 북천 쪽에는 보축의 흔적은 있으나 구멍을 새긴 부위는 개통 당시의 옹벽으로 보인다. 점촌 방향으로 왼쪽에 2개, 오른쪽에 9개로 전체 11개를 새겼다. 크기는 지름 4~7㎝이며, 깊이는 2㎝ 이내이다. 이 구멍의 새김 행위를 볼 때 근래까지도 구멍을 새기는 풍속이 계속 이어져 왔음을 엿볼 수 있다.

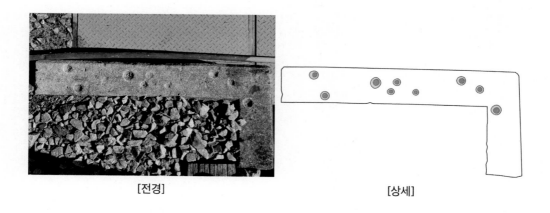

[전경]　　　　　　　　　　　　　　　[상세]

2. 중덕동

상주시 중덕동 417-1번지(N36°27′27.16″, E128°11′03.37″) 어덕마을 서북쪽 산 능선 정상부에 위치한다. 「상주시 문화유적 분포지도」에는 '중덕동 지석묘군'으로 조사된 지역으로 주변에는 묘지와 농경지(밭)가 조성되어 있다. 묘지와 농경지 사이 경사면에 돌출되어 독립된 화강암 2개와 사암 바위 1개가 있는데 가장 아래쪽에 있는 사암 바위에 구멍이 있다. 부정형의 삼각 형태로 위쪽 꼭짓점 부분에 2개, 아래쪽 면에 4개, 3개군을 지어 조성됐다. 크기는 지름은 가장 위쪽 1개 7㎝, 그 아래쪽에 1개는 10㎝로 가장 크고, 깊이는 2㎝ 이내이며, 밑에 있는 구멍 9개는 지름 3~5㎝로서 깊이는 0.5~1㎝ 이내로 얕다.

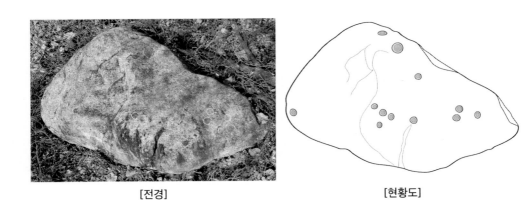

[전경]　　　　　　　　　　　　　[현황도]

3. 낙상동

(1) 소암골

　상주시 낙상동 산1번지(N36°27′30.30″, E128°11′57.19″)이다. 낙상동과 사벌국면 덤담리 경계로서 아리랑로(916호)와 상풍로가 교차하는 도로변에 위치한다. 이곳은 이부곡성이 있는 성안산(城安山) 자락이 서쪽으로 따라 내려오면서 형성된 '소암골'의 좌측 단양우씨문희공파세장산(丹陽禹氏文僖公派世葬山)이다. 큰 바위가 동천(銅川)을 따라 여러 개가 돌출되어 있는데 지름 5㎝, 깊이 2㎝ 구멍 1개가 확인된다. 원래는 사벌국면 덕담리 1171-3번지에 세워진 2단의 '사벌국면' 표지석 바위가 이곳에 있었는데 옮겨서 표지석으로 사용하면서 다른 바위구멍이 훼손되었을 가능성이 있다. 지금도 상단 표지석 우측에 구멍 1개가 보인다.

[전경]

[상세]

(2) 성문지골

상주시 낙상동 산95번지(N36°26′33.07″, E128°12′30.69″)에 위치한다. 사벌국면 금흔리와의 경계 지점으로서 성문지골 고개 인동 장씨 묘역 좌측에 있다. 바위는 중간 부분에 채석한 흔적이 있고, 좌우의 바위는 원형이다. 우측에 있는 폭 1.95m, 길이 2.25m 바위 상부면에 5개의 구멍을 조성했다. 바위의 형상은 거북의 형상이며, 2개 구멍이 합쳐진 길쭉한 모양이 3개이다. 중앙에 1개는 작은 구멍 4개가 연결되어 있다. 측면 아래의 1개 구멍은 바위 옆 틈을 파고 들어가듯이 조성했다. 규모는 지름 4㎝ 2개, 옆으로 길쭉한 모양은 지름 5㎝, 길이 12~13㎝ 2개와 지름 4㎝, 길이 6㎝ 1개이다.

[전경]

[현황도]

4. 화산동(안테방산)

    상주시 화산동 606-5번지(N36°26′04.88″, E128°15′41.05″)에 위치하며, 정상에는 측량을 위한 삼각점[41]이 있다. 아리랑로 북서쪽 협산(挾山, 동능말) 마을 동쪽 안테방산(113.5m) 정상부 북서쪽 노출된 암반에 조성했다. 암반 상단부 가장자리 부분 3곳에 조성했으며, 서쪽부터 Ⓐ 지름 6㎝, 깊이 2㎝ 1개, Ⓑ 지름 5㎝, 깊이 0.5㎝ 1개, Ⓒ 지름 5㎝, 깊이 1㎝ 1개와 수직면에 Ⓒ-①지름 4㎝ 4개와 지름 3㎝ 1개로서 깊이는 2㎝ 이내다. 그 옆 수직면에도 Ⓒ-②지름 5㎝ 3개, 깊이 2~5㎝와 지름 6㎝, 깊이 5㎝ 1개로서 암반 전체에 14개의 구멍을 조성했다. 암반 서쪽 수직면에는 한글 '고'와 동쪽 Ⓒ의 상단부에 'ㅁ부리'로 보이는 글자를 새겼다. 이와 같은 글자를 새긴 것을 볼 때 근대까지 사람의 왕래가 잦았던 곳이다.

[전경]

---

41 삼각점(상주 304), 2008.12.31.(2008-855), 국토지리정보원

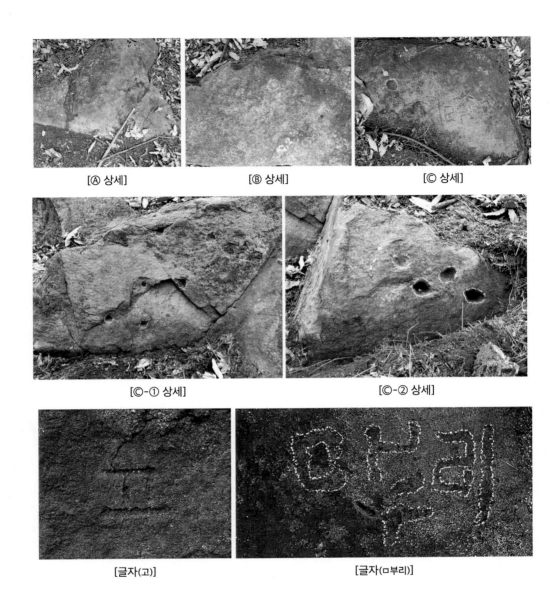

[Ⓐ 상세] [Ⓑ 상세] [Ⓒ 상세]

[Ⓒ-① 상세] [Ⓒ-② 상세]

[글자(고)] [글자(ㅁ부리)]

5. 화산동

상주시 화산동 산7-7번지 인동 장씨 묘역 뒤쪽에 있다. 해발 100m 이내의 낮은 산자락이 연결되어 있고, 계곡은 농경지로 활용되고 있다. 안테방산에서 서북쪽으로 약 900m 떨어진 해발 91.6m의 정상에 여러 개의 암반이 솟아 있으며, 몇 개의 암반에는 채석하면서 생긴 정의 자국이 남아 있다.

(1) 독립 바위 ①

암반군에서 남쪽으로 여러 개의 독립 바위가 흩어져 있는데 정상에 독립 바위가 2개 있으며, 북쪽 아래(N36°26′12.13″, E128°10′06.51″)에 있는 폭 110㎝, 너비 156㎝의 둥근 바위 옆면에 조성했다. 전체 2개로서 지름 3㎝ 깊이 3.5㎝ 1개와 지름 2㎝ 깊이 2㎝ 1개로서 아래, 위 2개를 조성했다. 아래 구멍은 자연적으로 생긴 홈의 상부에 있어 여성의 성기를 연상하게 한다.

[전경]　　　　　　　　　　　　　　　　[상세]

(2) 독립 바위 ②

　암반군에 있으며, (1) 독립 바위 ①에서 20m 정도 동쪽(N36°26′12.41″, E128°10′07.10″)에 있다. 폭 94㎝, 너비 98㎝의 부정형 바위로서 일부가 채석용으로 떨어져 나간 형상이다. 상부면에 지름 5㎝ 깊이 3㎝ 1개와 지름 4㎝ 깊이 2㎝의 구멍 2개가 남아 있다.

[전경]　　　　　　　　　　　　　　　　　　[상세]

6. 화산동(제공골)

　상주시 화산동 1047번지(N36°26′05.40″, E128°10′07.06″)에 위치한다. 제공골 안쪽 끝부분으로서 '5. 화산동 - (1) 독립 바위 ①'에서 남쪽으로 약 200m 아래 감나무밭 안에 있다. 산 위쪽에는 남양 홍씨 묘역이 조성되어 있으며, 바위 위쪽의 민묘가 밭 안에 있는 것을 보면 원래는 산자락이었으나 근래에 주변을 밭으로 개간한 것 같다. 바위는 폭 1.8m, 너비 2.5m의 장방형 독립 바위로서 전체 8개의 구멍을 조성했다. 지름 8㎝ 깊이 3㎝ 1개, 지름 7㎝ 깊이 2~3㎝ 2개, 지름 5㎝ 3개, 지름 4㎝ 2개로서 깊이는 2㎝ 이하이다. 3개씩 대칭을 이루는 형상이다.

[전경]

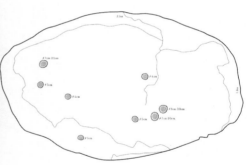

[현황도]

제4장

사라진
바위구멍
유적

1. 도남동 범월교

　도남동 산39-7번지(N36°26′24.27″, E128°15′18.51″) 도남서원에서 북동쪽으로 100m 정도 떨어진 경천교의 우측 낙동강 연안에 위치한다. 과수와 밭으로 개간되어 경작지로 이용되고 있는데, 밭과 낙동강의 단애부에 사암의 괴석이 돌출되어 있는데 그 상부 서쪽 면에 4개가 확인된다. 크기는 지름 3cm 정도이다. 지금은 주차장 조성으로 매몰되어 확인되지 않는다.[42]

[매몰 전 전경]　　　　　　　　　　　　　　　　　　　　[매몰 후 전경]

[측면]　　　　　　　　　　　[상부면]　　　　　　　　　　　[상세]

42　한국문화재보호재단, 4대강 살리기 사업(낙동강) 구미 해평제~상주 매협제 인근 구간 문화재 지표조사, 2009, 202쪽

2. 사벌국면 퇴강리

사벌면 퇴강리 600번지(N36°30′57.85″, E128°15′32.04″)에 위치하며, 새마 마을 동편 경작지 내 논둑과 논 가운데 화강암 지석묘 12기가 확인된다. 가장 큰 지석묘인 길이 4.4m, 폭 4.2m, 높이 1.7m의 상부 가장자리에 지름 9㎝, 깊이 3㎝ 크기의 바위구멍 12개가 있었다. 지금은 농로를 조성하면서 경작자가 훼손하여 없다.[43]

[훼손 전 전경] [훼손 후 전경]

[전경] [상세]

---

43 (재)경북문화재연구원, 문화유적분포지도(상주시) 학술조사보고 제12책, 2002, 302쪽. 사벌면 매호리 600번지로 조사되었으나 실제 위치는 퇴강리 600번지이다.

3. 사벌국면 금흔리

(1) 금흔1리

사벌국면 금흔리 620-2번지(N36°26′58.94″, E128°12′20.08″)로서 금실 마을 서북쪽 골짜기 계곡 경작지 내에 위치한다. 자연 암반에 지름 2~5㎝의 구멍 20여 개를 조성했다. 이 바위구멍은 토기 산포지로서 1999년 이부곡토성 시굴조사 때 확인되었다.[44] 지금은 감나무밭으로 조성되어 있으며, 일대의 지형이 훼손되어 확인할 수 없다.

[위치도]   [1999년 사진]

---

44 재단법인 경상북도문화재연구원, 상주 이부곡토성 시굴조사 보고서, 1999, 8쪽, 14쪽

(2) 성문지골

사벌국면 금흔리 760-1번지(N36°26′35.93″, E128°12′30.02″)에 위치하며, 낙상동과 금흔리가 이어지는 성문지골 고개의 중부내륙고속도로 교량 밑에 폐석 더미와 함께 있다. 주변에서 토지를 정리하면서 나온 폐석재로 보이며, 폭 0.28m, 너비 0.42m, 두께 0.23m로 파손된 상태이다. 지름 5㎝ 2개와 4㎝ 1개가 확인되며, 암반에서 떼어낸 일부로 추측된다.

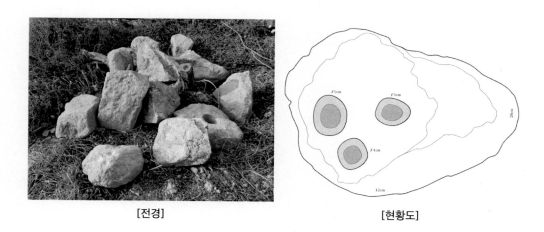

[전경]   [현황도]

제5장

바위구멍 조성 양상의 분석

1. 바위구멍, 산성, 고분군 유적의 상관성

    바위구멍 유적의 분포 현황을 보면 대부분 상주시의 동남쪽에 분포되어 있으며, 분포도 그림과 같이 북동쪽에서 남서쪽으로 축을 이루며 조성되었다. 이렇게 분포된 원인을 분석해 보면 상주는 서고동저형(西高東低形) 지형으로서 서쪽은 높은 백두대간이며 동쪽 낙동강 주변으로 충적평야가 형성되어 인간의 생활 근거지로 오래전부터 이용됐다.

    유적의 분포는 분포도(수계) 그림과 같이 낙동강의 연접지역과 낙동강의 지류인 이안천, 병성천, 동천, 북천, 남천 주변에 밀집된 양상을 볼 수 있다. 특히 일찍부터 고대국가가 형성된 이안천 주변의 고녕가야 지역의 오봉산 주변에 밀집되어 있고, 사벌국 지역의 성안산 주변과 병성천으로 연결된 시내 지역과 남천 주변에 밀집되어 나타나는 양상을 볼 수 있다.

    산성과 고분군은 이동할 수 없는 고정적 유적으로서 위치 변동의 개연성이 없으나 바위구멍 유적은 바위를 자르거나 건설기계에 의해 이동될 수 있는 요인이 많다. 따라서 원석 형태가 아닌 깨진 바위는 원래의 위치에서 이동된 유적일 가능성이 크다.

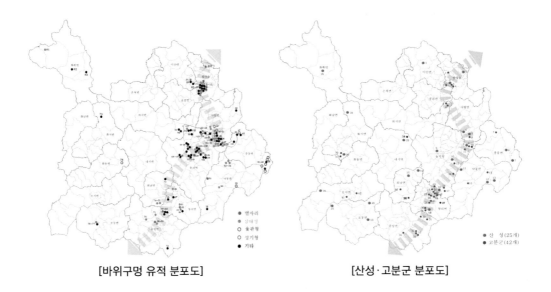

[바위구멍 유적 분포도]   [산성·고분군 분포도]

한편 삼국시대의 고분군 및 산성의 분포와 바위구멍 유적의 분포 양상을 비교해 보면 고분군과 산성은 그림의 분포도와 같이 산성 주변에 고분군 분포 밀도가 높다. 이와 같은 양상은 고분군과 산성은 서로 연관성이 높다는 것을 말한다. 즉, 사람의 생활 근거지였음을 말해 주는 것이다. 따라서 이러한 산성 및 고분군 유적과 바위구멍 유적의 분포 패턴이 같이 나타나는 것은 인간의 생활 근거지 주변에서 바위구멍 생성이 시작되었고, 그 생성 행위와 활동이 이어져 왔음을 나타낸다.

그러나 윷판형은 다른 바위구멍보다 더 높은 위치에서 낙동강 등 시야가 개방되고, 넓은 공간이 전망되는 곳에 조성되었다.

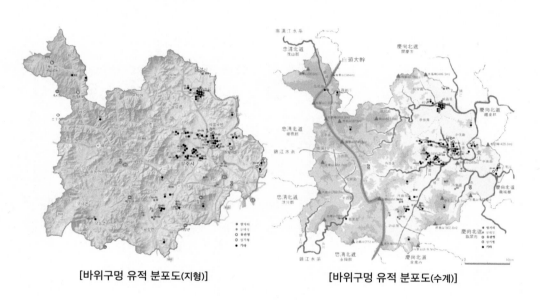

[바위구멍 유적 분포도(지형)]   [바위구멍 유적 분포도(수계)]

2. 입지, 바위구멍 조성 형태

바위구멍을 조성한 입지를 보면 산의 정상과 평지가 비슷한 수준이며, 능선과 계곡이 71.6%로 대부분 3부 능선 이하의 낮은 위치에서 산 아래 개활지가 내려다보이는 위치에 있다. 이와 같은 위치가 선정된 것은 조성자의 거주지나 농경지 등 생활 환경에서 멀지 않은 곳에서 지속해서 이루어져야 하는 구멍 조성의 편리성과 입지 조건에 부합했기 때문으로 추측된다.

구멍 조성의 대상이 되는 바위는 암반보다는 74.6%가 지표면 밖으로 노출되어 주변에서 뚜렷하게 잘 보이는 독립된 바위이다. 이런 독립 바위는 주변의 다른 바위보다 외형이 거칠지 않고 여러 바위 중에서도 뚜렷하게 보인다. 즉, 영험의 효과가 있을 듯하고, 믿음의 신뢰성, 쉽게 이동되거나 사라지지 않는 영원 불변성 등이 고려된 듯하다.

바위구멍 유적의 조성 형태는 별자리형(星穴)이 11개소, 별자리형 중에서 삼태성형(三台星形) 42개소, 윷판형(柶圖形) 5개소, 별자리와 혼합된 혼합형(混合形) 2개소, 남녀 성기 모방형(性穴) 6개소, 기타 구멍(穴) 61개소이다. 따라서 윷판형도 별자리형에 포함하면 별자리형은 58개소로서 45.6%이다.

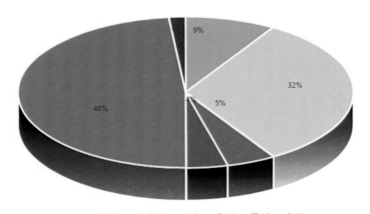

■별자리 ■삼태성 ■성기 ■윷판 ■구멍 ■혼합

[바위구멍 유형]

바위의 외형은 원석이 77.8%, 파손된 바위가 22.2%이다. 파손된 바위는 구멍이 조성된 이후 자연적으로 파손되어 이동되었거나 인공적인 필요에 따라 훼손된 후 이동되었을 것으로 보인다. 이러한 추측은 기원의 대상인 바위를 선정할 때 흠이 없는 신성한 바위를 선정하며, 깨어진 바위에는 영험의 효과를 기대하기 어렵기 때문이다.

　또한 외형이 거북(龜) 형상의 바위는 비(碑)의 귀부(龜趺)를 포함해서 17개로서 13.3%이다. 비록 거북 형상이 아니더라도 외형이 둥글고, 독립된 바위가 많은 편인데 이를 거북 형상으로 보고 바위구멍을 조성한 것 같다. 거북 형상 바위에 구멍을 조성한 것은 장수와 복을 기원하는 거북 신앙과 관련성이 높다고 본다. 거북의 귀두(龜頭)는 남근(男根)과 유사하여 용, 뱀과 함께 남근의 상징으로서 민간신앙의 대상이 되었다. 사학계에서 거북 신앙은 중국과 고구려의 사신도(四神圖)를 기원으로 보고 있는데 그 상한 연대를 중국은 기원전 89~49년으로 보고 있으며, 고구려는 그보다 300~400년 늦은 시기로 본다.[45]

　구멍이 조성된 면은 윗면이 87.3%, 옆면이 12.7%인데 윗면은 구멍 조성하기가 옆면보다는 비교적 쉽다. 옆면에는 수직면으로 도구 이용이 쉽지 않기 때문이다. 그러나 구멍 조성이 어려운 옆면에 조성한 것은 꼭 그곳에 조성하여야 할 영험과 지극정성에 대한 특별한 감응(感應) 효과를 기대했기 때문인 것으로 보인다.

　바위 면에 구멍이 집중적으로 조성된 형태를 보면 조성 전체 면과 외측부, 중앙부가 비슷하게 조성되었다. 망각부에는 4.7%로서 외측부에 조성한 것이 구멍의 수가 많아지면서 망각부에 조성된 것으로 생각된다. 구멍과 함께 글자나 물형(物形)의 표식이 있는 곳은 7.1%이다. 조사 분석 결과는 다음 표와 같다.

구분	입지				바탕석		외형		조성면		분포				부가표시
	정상	능선	계곡	평지	암반	독립	원석	파손	윗면	옆면	전체	외측	망각	중앙	
개소	21	45	46	15	32	94	98	28	110	16	47	46	6	28	9
%	35.4	35.4	36.2	11.8	25.4	74.6	77.8	22.2	87.3	12.7	37.0	36.2	4.7	22.0	7.1

[입지·조성 분석표]

　이러한 분석 결과에 의하면 바위구멍 유적이 있는 위치, 대상 바위의 선정, 조성 방법 등에

45　염광곤, 韓·中 거북 신앙의 象徵體系 變化와 그 歷史性, 경기대학교 대학원 2017학년도 석사학위논문, 11~12쪽

도 일정한 규칙이 적용되었으며, 사람의 생활 근거지와 바위구멍과는 불가분의 관계에 있음이 확인된다.

구분		명칭	입지				바탕석		외형		조성면		분포				부가표시
			정상	능선	계곡	평지	암반	독립	원석	파손	윗면	옆면	전체	외측	망각	중앙	
1	함창	윤직 치마바위				■		■	■		■		■				
2		윤직 두산	■					■	■		■			■			
3		신흥 가재골(1)			■			■	■		■					■	
4		신흥 가재골(2)			■		■		■		■					■	
5		신흥 가재골(3)			■			■	■		■					■	
6		신흥 가재골(4)			■			■		■	■			■			
7		신흥 가재골(5)			■			■	■		■			■			
8		신흥 가재골(6)			■			■	■		■			■			
9		신흥 가재골(7)			■			■		■	■		■				
10		신흥 가재골(8)			■			■	■		■					■	
11		신흥 가재골(9)			■			■		■	■					■	
12		신흥 가재골(10)			■			■	■		■			■			
13		신흥 가재골(11)			■			■		■	■			■			
14		신흥 가재골(12)			■			■	■		■					■	
15		신흥 봉우재(13)		■				■	■		■			■			
16	사벌	엄암 성안산(1)			■			■	■		■		■				
17		엄암 성안산(2)			■			■	■		■		■				
18		엄암 성안산(3)			■			■	■		■		■				

번호	분류	유적명														
19		엄암 성안산(4)		■				■	■		■				■	
20		엄암 성안산(5)		■				■	■		■			■		
21		엄암 성안산(6)		■				■	■		■		■			
22		엄암 토광묘유적		■				■		■	■				■	■
23		엄암 민묘				■		■	■		■		■			
24		엄암 민가				■		■	■		■		■			
25		화달 달천(1)			■		■		■		■				■	
26		화달 달천(2)			■		■		■		■				■	
27		화달 이사곡	■				■		■		■			■		■
28		화달 소산			■			■	■			■	■			
29		삼덕 소산	■					■	■		■			■		■
30		금흔 사벌왕골(1)			■			■	■		■					
31		금흔 사벌왕골(2)		■				■	■		■					
32		금흔 사벌왕골(3)		■			■		■		■			■		
33		금흔 사벌왕골(4)		■			■		■		■			■		
34		금흔 사벌왕골(5)		■			■		■		■			■		
35		금흔 사벌왕골(6)		■			■		■		■			■		
36		금흔(1)	■					■	■		■		■			
37		금흔(2)	■					■	■		■		■			
38		매호			■		■		■			■			■	
39	중동	우물 토성(1)	■					■	■		■		■			
40		우물 토성(2)		■				■	■		■		■			
41		우물 천인대	■				■		■		■			■		■

번호	지역	유적명											
42		우물 고분군(1)	■			■		■	■				■
43		우물 고분군(2)	■		■		■		■				■
44		우물 고분군(3)	■		■		■		■				■
45		우물 고분군(4)	■		■		■		■			■	
46		우물 고분군(5)	■			■	■		■		■		
47		회상 칠성바위(1)	■			■	■		■				■
48		회상 칠성바위(2)	■			■	■		■				■
49		회상 횟골	■		■		■		■			■	
50	낙동	승곡 옥가실		■		■		■	■			■	
51		운평 굴티	■			■	■		■			■	
52		신상	■			■		■	■			■	
53		신상 민묘	■			■	■			■	■		
54		신상 공설묘지	■		■		■		■			■	
55		상촌 삼봉산	■		■		■		■		■		
56		용포 당산		■		■	■		■			■	
57	청리	하초 봉수대	■			■	■			■			■
58		하초 서산(1)	■			■		■		■	■		
59		하초 서산(2)	■			■		■		■	■		
60		하초 서산(3)	■			■	■		■			■	
62		청하 역마	■		■		■		■			■	
62		청하 구시골(하)		■		■	■		■		■		
63		청하 구시골(중)		■		■	■		■		■		
64		청하 구시골(상)		■		■	■		■		■		

65		덕산 화장바위			■		■		■		■					■	
66		삼괴	■					■	■		■		■				
67		수상 청리교회	■					■		■	■			■			
68	공성	금계(1)		■				■	■			■			■		
69		금계(2)		■				■	■		■			■			
70		봉산 골가실		■				■	■		■		■				
71		인창 정자			■			■		■	■			■			
72		이화 정자			■			■			■			■		■	
73	외남	소은			■			■	■		■		■				
74		구서 안령(1)		■				■	■		■		■				
75		구서 안령(2)			■			■		■	■		■				
76	모동	수봉(1)				■		■	■		■					■	
77		수봉(2)				■		■	■		■			■			
78	화동	어산 돌적골			■			■	■		■		■			■	
79	화서	하송 청계골			■			■	■			■		■			
80	화북	용유 동천암			■			■	■			■			■		
81		중벌(용화)				■		■	■		■		■				
82		장암(속리산)		■			■		■		■		■				
83	외서	봉강(각골)			■		■		■		■		■				
84		봉강(황바위골)			■		■		■		■					■	
85	공검	역곡 오봉산(1)	■				■		■		■		■				
86		역곡 오봉산(2)			■		■		■		■		■				
87		역곡 오봉산(3)			■			■		■		■		■			

번호	구분	유적명	1	2	3	4	5	6	7	8	9	10	11	12	13	14
88		역곡 오봉산(4)		■				■		■	■			■		
89		역곡 오봉산(5)			■			■	■		■			■		
90	이안	이안 오봉산		■			■		■		■			■		
91		소암 민묘(1)	■					■	■		■		■			
92		소암 민묘(2)		■			■		■		■		■			
93	북문	만산 북천				■		■	■		■		■			
94		만산 동제당			■			■	■		■				■	
95		만산 자산			■			■		■	■				■	■
96		만산 바깥너추리		■				■	■		■			■		
97		만산 마을회관		■			■		■		■			■		
98		만산 장지샘		■				■	■		■			■		
99		부원 지석묘				■	■	■			■		■			
100		남적(장고개골)			■			■	■		■				■	
101		남적(무문토기산포지)		■				■	■		■		■			
102		남적(세천)	■					■	■			■		■		
103	계림	계산 와룡산(1)	■					■	■		■		■			
104		계산 와룡산(2)	■					■	■		■			■		
105		계산 와룡산(3)	■					■	■		■			■		■
106		계산 와룡산(4)	■					■	■		■			■		
107		계산 빙고산(5)			■			■		■	■		■			
108		계산 철교				■	–	–	–	–	■		■			
109		중덕 어덕마을	■					■	■			■	■			
110		낙상 소암골		■			■	■			■				■	

			1	2	3	4	5	6	7	8	9	10	11	12	13	14
111		낙상 성문지골			■			■	■		■		■			
112		화산 안태방산	■				■		■		■		■			■
113		화산(1)	■					■	■			■		■		
114		화산(2)	■				■			■	■				■	
115		화산(제공골)			■			■	■		■		■			
116	동문	복용 유적발굴지				■		■		■	■			■		
117		서성 비석군 (이인하)				■		■		■		■			■	
118		서성 비석군 (서홍보)				■		■		■		■			■	
119		서성 비석군 (박재인)				■		■		■		■			■	
120		복용 당간지주				■		■		■	■			■		
121		도남 도남서원		■				■		■	■				■	
122		외답 북망단		■				■		■				■		
123		외답 관음정사			■		■		■		■			■		
124		화개 SJ레미콘			■			■	■		■				■	
125	남원	연원 수석정(1)		■				■	■		■		■			
126		연원 수석정(2)		■			■		■		■		■			
127		연원 신장상				■		■		■	■				■	

3. 바위구멍 조성 시기

　바위구멍을 조성한 시기는 선사시대부터로, 기원 등을 위한 행위 표시가 이어져 온 결과물이라는 막연한 추정만 할 뿐 구체적인 편년을 설정할 수는 없다. 즉, 지석묘에 조성된 구멍은 지석묘와 같은 시기에 조성되었을 것이라는 추측일 뿐이다. 그렇다고 모든 지석묘에 반드시 바위구멍이 있는 것은 아니다.

　상주지역에서 조사된 지석묘는 30기로서 그중 10기에만 바위구멍이 있고, 나머지에는 없다. 조사된 10기에도 바위에 구멍이 있어 지석묘로 확정하였는지 바위가 지석묘이기 때문에 확정하였는지 판단하기 어렵다. 바위에 구멍이 있다고 해서 지석묘로 확정하는 것은 오인의 가능성이 크다. 그 이후 삼국시대 고분 개석(蓋石)에 있는 바위구멍을 고분과 같이 삼국시대에 조성한 것으로도 볼 수 없는 것이다. 삼국시대 이전의 유적지에 있는 바위구멍 유적은 46개소(915개)로 전체 유적의 36.2% 정도이다.

구분	무문토기 산포지	지석묘	토광묘 유적지	고분군	토성
개소 (구멍 수)	3 (15)	12 (202)	1 (2)	22 (631)	8 (65)
시기	청동기	청동기	원삼국	삼국	삼국

[삼국시대 이전의 유적]

　그러나 구멍이 조성된 인공 지물(地物)을 통해 최초 조성 시기를 유추할 수 있고, 조성행위가 언제까지 지속되었는지는 시대를 추론할 수 있는 몇몇 비의 대좌에 조성된 구멍 등을 통해 알 수 있다. 상주지역에서 추론이 가능한 유적은 다음 표와 같다.

명칭	위치	구멍 수	비명과 재임 기간	건립 시기
복용 당간지주	복용동 207-2	1	–	통일신라
서성 비석군(李仁夏)	서성동 163-48	28	去事碑, 상주영장(1654~1656)	1656年
서성 비석군(徐興輔)	서성동 163-48	4	頌德碑, 상주목사(1819~1823)	1823年
서성 비석군(朴齊寅)	서성동 163-48	1	頌德碑, 경상도관찰사(1875~1877)	1879年
계산 철교(경북선)	계산동 523	11	경북선 개통(상주~점촌)	1924. 12. 25.

[조성 시기 추정 가능 유적]

이처럼 당간지주는 통일신라, 비의 대좌에 조성된 구멍은 1656년, 1823년, 1879년으로 석조물이 세워진 시기가 확정되기 때문에 비가 건립된 이후에 구멍을 조성한 것은 분명하다. 가장 최근에는 상주~점촌 구간의 경북선이 1924년 12월 25일 개통되었는데 철교의 날개벽 콘크리트 윗면에 11개를 조성했다. 이러한 정황으로 본다면 바위구멍 조성의 풍속은 근대까지 지속되어 왔음을 확인할 수 있다.

바위구멍 조성행위를 풍속에서 살펴보면 기원전 중국 춘추시대에 시작되었다는 사주명리학(四柱命理學)이 사회적으로 일반화된 후, 사주 또는 무당으로부터 새로 태어난 자식의 명이 짧다던가 가족들의 사주와 맞지 않는다는 등의 이야기를 접하면 자식 운명에 대한 불안한 심리에 의해 아이를 절이나 바위에 파는 비보(裨補)를 통해 명을 연장하는 풍속이 있었다.

지금도 절에서는 칠원성군(七元星君)을 모시는 칠성각(七星閣)에 이름을 파는 풍속이 이어지고 있는데 칠원성군은 인간의 생로병사를 주관하는 신령으로 북두칠성을 신격화한 것이다. 남두육성과 함께 인간의 명을 관장하며, 한국의 사찰에만 칠성각이 있다. 또한 절 입구나 주변의 계곡에는 유교의 원림 경영과 관련 없이 이름만 새겨진 바위 면을 볼 수 있는데 이러한 행위도 칠성각에 이름을 파는 행위와 연관성이 높다고 생각된다.

김천 증산면 평촌리 불영산에 있는 청암사 계곡 입구에는 나무아미타불(南無阿彌陀佛), 세진암(洗塵巖), 호계(虎溪) 등의 유교나 불교와 관련된 바위글 외에 1~3대까지 이름을 새겼다. 이처럼 바위에 이름을 새기는 행위와 구멍을 조성하는 풍속이 근대까지 이어진 하나의 원인이 될 수 있다.

[김천 불영산 청암사 암각서]

상주지역에 형성되었던 암각 문화의 하나인 바위구멍 유적에 대해 127개소, 2,123개의 구멍을 조사했다. 조사 방법에 대한 체계적인 표준 모델이 없고, 선행 연구 내용이 부족하여 암각 문화를 이해하기는 쉽지 않았다.

바위는 인간의 일상생활 주변에 위치하면서 여러 자연 현상 속에서 변하지 않는 물체로 자연숭배의 대상이 되어 왔다. 또한 사람의 이름에 있어서도, 아이들이 바위와 같이 튼튼하게 자라기를 바라는 뜻에서 '돌쇠'란 이름을 짓기도 했으며 바위에 아이를 판다고도 했다. 이와 같은 풍속과 염원은 왕실에서도 같았다. 조선시대 연산군의 제1남인 원자의 이름이 금석을이(金石乙伊)다. 이는 금돌이(金乭伊), 즉 쇠와 돌을 말한다.[46] 이렇듯 불변의 신격체인 바위를 이름으로 지어 부르고, 소원을 빌며, 그 소원의 흔적을 남긴 것이 바위구멍 유적이라 할 수 있다. 또한 십장생(十長生)의 하나인 거북(龜) 형상의 바위에 바위구멍을 조성한 것은 더 확실한 효과를 기대했기 때문인 것으로 생각된다. 독립 바위가 어느 한 방향에서 거북의 형상으로 보이는 것은 이러한 거북 형상의 바위를 선정하여 바위구멍 조성행위를 한 것이다.

이 바위구멍 조성은 인간의 삶 가장 가까운 곳에서 영원불변(永遠不變)의 신격(神格)으로 인식되었던 바위에 생로병사(生老病死)와 길흉화복(吉凶禍福)의 모든 소원을 빌며, 영험을 기원하는 행위의 하나로 근대까지 지속된 행위이다. 이러한 행위는 무의식 속에서 인간의 DNA와 함께 전승되어 온 바위 숭배의 풍속이라 말할 수 있다.

바위구멍 유적은 낙동강, 이안천, 북천, 남천, 위천 등 강과 하천 인근 지역에 분포하고, 오봉산, 성안산, 자산, 서산 등 산자락과 능선에 집중되어 나타난다. 조성 형태를 보면 오봉산 일대에는 구멍의 크기가 대형이다. 이는 바위나 암반의 표면에 있는 자연 구멍을 활용한 조성이라 구멍 지름이 크게 나타나는 것으로 생각된다. 옛 사벌국 중심지로 추측되는 성안산

---

46 김상호, 상주지역 태실에 관한 고찰, 상주문화 제18호, 상주문화원, 2008, 296쪽

일대는 사암 계통의 암질로서 구멍의 크기는 작으나 구멍이 두 개씩 이어지는 특성을 보인다. 낙동강과 위천 주변에는 원형과 윷판 형상이 집중되어 있으며 함창 신흥리, 청리 청하리, 중동 우물리에는 삼국시대 고분군 안에도 조성되었다. 사벌 엄암리에는 토광묘 유적지, 남적동의 경우에는 무문토기 산포지에도 분포되어 있으며 돌비의 귀부나 철로의 축대벽 상부에서도 구멍이 확인된다.

이러한 분포를 볼 때 다양한 시대에 지속된 행위로서 바위구멍 자체로 편년을 설정하기는 어렵지만 다른 유물 분포와 연관을 지어 본다면 청동기시대부터 근대까지 이어진 암각 문화로 이해할 수 있다. 상주지역에 조성된 바위구멍을 조사한 결과 아래와 같이 입지에 관한 공통점과 특징이 나타나고 있다.

첫 번째, 조성 위치는 농경과 주거의 생활 근거지 주변이다.

두 번째, 사방(四方) 중 어느 하나의 방향에서는 개방된 공간이 보인다.

세 번째, 산성, 고분군의 조성 위치와 상관성이 있다.

네 번째, 윷판형은 일반 바위구멍보다 지대가 더 높고 개방된 곳에 조성했다.

다섯 번째, 별자리형은 2~3개 구멍이 짝지어지는 삼태성형이 주류(主流)이다.

여섯 번째, 집중 조성형은 바위의 자연 홈을 적극적으로 활용했다.

일곱 번째, 지석묘에만 바위구멍이 있는 것은 아니다.

여덟 번째, 구멍 조성행위는 근현대까지 지속된 풍속(風俗)이다.

상주지역은 낙동강의 상류에 위치하여 넓은 충적평야가 조성되어 구석기시대부터 인류가 정착하면서 '낙동 물량리 인물 암각화' 등 암각 문화가 발달해 왔다. 그러나 문자 등의 표기가 없어 조성 시기를 판독할 수 없는 모호함과 비규칙성, 조성 방법의 다양성으로 인해 학문의 한 분야로 주목받지 못해 연구되지 않은 분야이다. 이러한 무관심으로 인해 유적은 사라져 가고 있다. 조사 당시 이미 기존 조사된 유적도 3개소는 훼손되고 없어진 상황이었으며, 이외에 조사되지 않은 많은 유적이 사라졌을 것으로 추측된다.

앞으로 다른 지역에서도 연구하여 지역 간 암각 문화를 비교해 볼 수 있는 학문으로 발전하면서 개별 유적이 보존되기를 기대해 본다.

참 고 문 헌

○ 咸昌縣邑誌, 1786

○ 朝鮮總督府, 朝鮮地誌資料, 1914

○ 醴泉郡誌, 1936

○ 趙智唯七, 新舊對照 朝鮮全道府郡面里洞名稱一覽, 關西大學校, 1914

○ 朝鮮總督府 臨時 土地調查局, 朝鮮地誌資料, 1914

○ 윤무병, 傳 상주지방 출토의 이형 청동기(상주문화 창간호), 상주문화원, 1989

○ 醴泉村落史, 1992

○ 韓國文化財保護財團, 尙州 新興里 古墳群, 1998

○ 재단법인 경상북도문화재연구원, 상주 이부곡토성 시굴조사 보고서, 1999

○ 경북문화재연구원, 상주 문화유적 분포지도, 상주시, 2001

○ 한글학회, 한국지명총람 5(경북편 II), 2001

○ 조희열, 상주지명총람, 상주문화원, 2002

○ 경상북도문화재연구원, 상주 신상리 구석기 유적·유물산포지(제29책), 상주시, 2003

○ 김일권, 고구려 별자리와 신화, ㈜사계절출판사, 2008

○ 김상호, 상주지역 태실에 관한 고찰, 尙州文化 제18호, 상주문화원, 2008

○ 김상호, 상주 자산 산성, 상주 문화연구(제28집), 경북대학교 상주문화연구소, 2008

○ 한국문화재보호재단, 4대강 살리기 사업(낙동강) 구미 해평제~상주 매협제 인근 구간 문
   화재 지표조사, 2009

○ 상주박물관, 병풍산 고분군 지표조사 보고서, 2010

○ 상주박물관, 사벌국 관련 문화유적 학술 지표조사 보고서(상주박물관 학술연구총서 9),
   2012

○ 공서연, 초기 철기시대 이형 청동기 연구, 동아대학교 석사학위 논문, 2016

○ 염광곤, 韓·中 거북 신앙의 象徵體系 變化와 그 歷史性, 경기대학교 대학원, 석사학위논문, 2017

○ 홍익문화재연구원, 고녕가야 유적 학술조사 보고서, 상주시, 2019

○ 국립가야문화재연구소, 가야문화권 중장기 조사·연구 종합계획, 2019

○ 김철수, 경상감영(慶尚監營) 200년, 경상북도·상주시·상주문화원, 2020

○ 조희승, 북한학계의 가야사 연구, 도서출판 말, 2020

○ 세종문화재연구원, 상주 오봉산 암혈(岩穴) 유적 문화재 정밀지표조사 결과보고서, 상주시, 2021